—— 作者 ——

莱斯利·霍姆斯

墨尔本大学政治学教授，波兰科学院哲学与社会学研究所、意大利博洛尼亚大学、中国人民大学等校长期访问教授。主要研究领域为腐败。曾任世界银行和透明国际腐败问题顾问。

[澳大利亚] 莱斯利·霍姆斯 著　胡伍玄 译

腐败

牛津通识读本·

Corruption

A Very Short Introduction

译林出版社

图书在版编目（CIP）数据

腐败 /（澳）莱斯利 · 霍姆斯(Leslie Holmes)著；
胡伍玄译．—南京：译林出版社，2023.1
（牛津通识读本）
书名原文：Corruption：A Very Short Introduction
ISBN 978-7-5447-9369-8

Ⅰ.①腐…　Ⅱ.①莱…　②胡…　Ⅲ.①反腐倡廉 - 研究　Ⅳ.①D035.4

中国版本图书馆CIP数据核字（2022）第137202号

著作权合同登记号　图字：10-2016-181 号

腐败［澳大利亚］莱斯利 · 霍姆斯 / 著　胡伍玄 / 译

责任编辑　王　蕾
特约编辑　荆文翰
装帧设计　孙逸桐
校　　对　戴小娥
责任印制　董　虎

原文出版　Oxford University Press, 2015
出版发行　译林出版社
地　　址　南京市湖南路 1 号 A 楼
邮　　箱　yilin@yilin.com
网　　址　www.yilin.com
市场热线　025-86633278
排　　版　南京展望文化发展有限公司
印　　刷　徐州绪权印刷有限公司
开　　本　850 毫米 ×1168 毫米　1/32
印　　张　4.875
插　　页　4
版　　次　2023 年 1 月第 1 版
印　　次　2023 年 1 月第 1 次印刷
书　　号　ISBN 978-7-5447-9369-8
定　　价　59.50 元

序　言

汪丁丁

经济的长期发展，有据可查的三千年世界经济史，在历史的"局外人"视角下，表现出两大模式。其一称为"稳态"，以1800年人均GDP为1单位，公元前1000年至公元1850年，大致围绕1单位波动，史称"马尔萨斯陷阱"。另一模式称为"过渡态"，1850年以来，被纳入"全球资本主义"潮流的地区，人均收入迅速攀升至12单位。尚未被纳入这一世界潮流的地区，人均收入依旧围绕1单位波动。也因此，这一模式又称为"大分流"。

上述的三千年世界经济史，在历史的"局内人"视角下，各区域之间有显著差异。人口稠密的区域，五百年兴衰，人去楼空，断瓦残垣。人烟稀少的区域，车水马龙，兴旺发达。究其原因，良治社会激活企业家潜能，是经济发展的通例。首先是"斯密-杨格"定律，由下列环节构成的良性循环：（1）劳动分工与专业化，千百倍地提高了劳动生产率，被称为"国民财富的源泉"；（2）分工与专业化的深度，受制于市场的广度；（3）市场的广度，依赖于货币收入购买力的增长，货币收入购买力随劳动生产率的提高而上升。

因此，其次是“奈特-诺斯”命题：“政治的和经济的企业家精神是人类社会演化的核心驱动力。”这里的企业家精神同时表现为三大特征——敬业、合作、创新。发展的关键环节是市场广度的拓展，依赖于社会成员身上蕴含着的企业家精神在多大程度上被激活。良治，被定义为能够充分激活社会成员身上蕴含着的企业家精神的社会过程，有下列三项特征：（1）足够广泛的产权保护。这里，受到保护的，不仅限于君主和贵族的产权，而且扩展至平民百姓的产权。商鞅变法，取信于民而后效。保护产权是承诺，是社会契约，非有足够广泛的信任感而不能生效。足够广泛的社会信任，固非一日之功，却可毁于一旦。人心惟危，道心惟微，这是复杂社会的通例；（2）充分自律的精英群体。“充分自律”可定义为“使足够广泛的社会成员有尚且满意的发展机会”。“精英”可定义为“对具有根本重要性的问题保持足够的敏感性并且被社会认为是重要的故而拥有社会权力的社会成员”。精英可能丧失对于具有根本重要性的问题的敏感性却依旧拥有社会权力，同时，未获得社会权力的社会成员可能对具有根本重要性的问题保持敏感性。这样的错位，称为“精英错位”，常见于转型期社会，也常成为社会瓦解的主因；于是，（3）足够高的社会纵向流动性。这里，“足够高”的含义是，首先，精英群体得以吐故纳新，从而长期保持对具有根本重要性的问题的敏感性。其次，社会各群体不致固化为“阶级”，从而不致形成摧毁社会根基的“阶级斗争”。

这本小册子，题为《腐败》，其实必须嵌入上述的整体框架之内，才可凸显它的意义。官员随意侵夺社会普通成员的产权，是腐败。利益群体操纵公共政策和立法机构以寻求超过公平份额的租金，是腐败。大公司运用市场权力阻碍公平竞争，是腐败。交易不诚，可演化为腐败。学术不端，可演化为腐败。假天下之名以谋私利，可演化为腐败。千里之堤毁于蚁穴，非正心诚意而不能免于腐败。唯不忘初心最难，是以，在野党转而为执政党，最难免于腐败。又诛心最难，是以，抵制腐败，与其诉诸思想改造运动，远不如诉诸制度更为有效。然而，制度与行为，二者相辅相成，共生演化。广义而言，制度是群体行为之规约。有天下大同的群体行为，有退而求小康的群体行为，未见有悖于群体行为而能运行之制度，故而，在人类演化的目前阶段，“六亿神州尽舜尧”固不可求，遂常见与小康群体行为匹配的社会制度。此中深意，留待读者“沉潜往复，从容含玩”。

谨以此书怀念我的岳父

——廉洁、无私的周实民先生

目　录

前　言　1

第一章　何为腐败？　1

第二章　腐败何以成为问题？　19

第三章　腐败能否衡量？　37

第四章　心理–社会解释和文化解释　57

第五章　制度相关的解释　70

第六章　国家能做些什么？　90

第七章　还能做些什么？　109

译名对照表　128

扩展阅读　135

前　言

今天这个时代，在一周的任何一天，翻开任何一个国家的任何一份报纸，几乎都能发现腐败丑闻的报道，甚至不止一起。2010年底和2011年底，以英国广播公司的名义进行了两次调查，分别涉及26个国家（2010）和23个国家（2011）的2.4万多人；结果显示，腐败是全球公众谈论最多的话题，排在极度贫困、失业、食品和能源涨价、气候变化以及恐怖主义之前。这些民意调查发起时，大多数国家仍处于2008年全球金融危机的余波中，调查结果表明了腐败对当代世界的重要影响。实际上，盖洛普国际调查联盟之后（2013）又对69个国家的近7万人进行了另一项调查，进一步印证了这一结论，此项调查将腐败列为全球头号难题。

不论是在发展中国家、转型国家，还是在发达国家，越来越多的国民开始意识到腐败的严重负面影响，并要求当局采取行动。无视这些要求的政府，有可能自食其果。例如，2014年初乌克兰雅努科维奇政权被推翻，主要原因就在于公众感受到了高度的腐败而心生怨恨；再比如2013—2014年泰国发生的民众骚乱，造成大量人员伤亡，政府也被推翻。类似的例子不胜枚举。

直到比较晚近的时候，即1990年代中期以来，国际社会才开始充分认识到腐败具有破坏作用，有可能造成毁灭性影响。也正因为这个问题如此重要，我才起意要撰写这一通识读本。

腐败研究无法边界清晰地被强行归入某一学科，本书的分析虽然篇幅不长，却用到了人类学家、犯罪学家、经济学家、历史学家、法学家、政治学家和社会学家的成果。不过，目前关于该主题的讨论范围极广，影响人数众多，如果只考察学者们的成果，那就大错特错了。书中同样考察了国际组织、非政府组织和其他领域反腐实务人员的重要贡献。

笔者研究腐败问题并从事此项教学已有30年上下，对于所有帮助我加深理解这一复杂现象的人们，逐一感谢是不可能的。这里我想特别感谢我在墨尔本、华沙和博洛尼亚教过的数百名研究生，在过去的许多年里，他们向我提出棘手的问题，与我分享关于腐败的经验和知识。也要感谢此项写作计划的四位匿名审稿人，若不是他们，本书的错误和疏忽就不止眼前这么多了；当然，对于眼下仍然存在的疏漏，责任完全在我。感谢澳大利亚研究委员会在近30年的时间中提供的可观资金，让我得以从各个方面研究腐败；感谢牛津大学出版社的安德里亚·基干、埃玛·马和珍妮·努基在此项写作计划付梓成书过程中提供的所有帮助。最后，感谢夫人瑞贝卡，她的爱和扶持一直不曾间断；在我长时间投身于研究工作、无比频繁地奔走于海外时，她的宽容和理解让我感激不尽。

莱斯利·霍姆斯

2014年8月

第一章

何为腐败?

自有人类以来，腐败就一直存在，并且一直是个难题。罗马帝国之所以衰落，腐败和一般性的道德腐朽被归结为主要原因，与此同时，为回应天主教会中被视为腐败的各种问题（包括不正当地兜售赎罪券），宗教改革以同样的广度兴起了。

从传统意义来看，腐败指的是道德上的瑕疵。这个词本身的拉丁语词源意指“糟蹋、污染、滥用或毁坏”，具体取哪种意思依上下文而定。许多世纪以来，腐败观念已经发生变化，在不同文化中也有不同含义。在宽泛意义上，腐败被用来形容对规范的任何不正当的偏离；在过去，以及今天的伊朗等一些国家，这一点通常与宗教规范相关。当代英语中已罕有此种用法，今天这个词主要指与个人的公共职务相关的不当行为，而我们这本小书的关切正在于此。不过，对于什么是不当行为，甚至什么才叫公共职务，是有争议的。围绕着腐败在当今的含义产生的各种争论，是本章的核心内容。

当前关于腐败定义的争论

反腐方面的努力面临的一个重要问题是，分析人士无法就什么是腐败完全达成一致。一种极端观点宽泛地认为，腐败和美一样，都取决于注视者的目光。另一种极端观点从法律角度看问题，认为只有法律明确规定为腐败的行为或疏忽才是腐败。

这种定义上的混乱可以从两个重要的例子中窥见一斑。首先，在联合国自称的“唯一具有法律约束力的全球反腐工具”，即《联合国反腐败公约》（UNCAC）中，就没有对腐败进行定义。个中原因，主要在于公约的制定者们无法就定义达成一致。其次，世界上主要的反腐败国际非政府组织，即透明国际（TI），在20世纪的大多数时间内一直使用**两个**定义，而现在却变得态度模糊。在该组织广为人知的调查结果，即每年一度的腐败印象指数（CPI）中，直到2012年使用的都是引述最广的那个定义，即“为获取私利而滥用公职”。这一定义与世界银行等许多机构采用的定义相近，甚至完全一致。但是在所有其他场合，透明国际又将腐败定义成“为获取私利而滥用受托的权力”。两个定义之间的最大差别是，前一个要求涉及国家公职人员，后一个（同时得到了国际刑警组织的认可）则更为宽泛，把诸如私人公司的高级行政人员，甚至纯粹发生于私人企业内部（公司对公司业务，见图1）的败德做法也确定为腐败行为。2012年，透明国际不再在腐败印象指数中为腐败下定义（不过在2013年指数的文字部分，它又“评估了公共部门的印象腐败程度”），此举反映了这方面的一般性混乱。

遗憾的是，即使是透明国际的第一个定义，即狭义界定，也可以作多种解释。“滥用公职”是仅限于本质上属于**经济方面的**不

图1　公司对公司业务：有些人更愿意对腐败作宽泛界定

当行为（有时称为“现代”腐败），比如挪用公款和接受贿赂，还是也包括人们有时所称的**社会方面的**不当行为，或者说“传统”腐败，比如任命亲属（任人唯亲）、朋友或同僚（任用亲信）担任公职，虽然他们并不是最佳人选？政党，尤其是在立法机构中没有席位的政党，算不算占据公职？如果不算，能否以这种狭义界定来指控其腐败？

近几十年来，随着新自由主义思潮蔓延全球，“公共职务”一词面临的另一个问题变得越来越突出。作为一种意识形态，新自由主义提倡弱化国家角色，强化市场作用。它的一个核心特征是，模糊“公共”与“私人”之间的界限。现在，许多国家都把一度由自己承担的任务外包出去，公众却仍然认为这是国家的职责。例如，以往监狱几乎毫无例外由国家负责运行，而现在，越来越多的监狱由私人公司与国家签订合同来运行。如果私人公司雇用的看守人员受贿后让毒品流入服刑人员手中，按照狭义界定，他们是否构成腐败？这样的人占据的是**私人**还是**公共**职务？我们的看法是，如果国民普遍认为某个职务最终应由国家负责，则滥用此职务牟取个人或团体好处就是腐败。

“私人利益”一词同样远不够明确。国家工作人员受贿而中饱私囊即是腐败，对此无人怀有异议。但是，那些任职于政党的人以组织名义接受性质模糊的捐款，同时表面上看起来又没有获得直接**私人**好处的呢？这个例子不像第一个那么一目了然，众人看法各异。

写到这里，应该容易看出的是，对于腐败的一般定义以及如何确定某种行为或某种不作为（疏忽）是否构成腐败，各种不同看法的形成一般都有充足的原因。下面我们来看看这些原因。

腐败观念存在差异的原因

对腐败之所以有不同解读，其中一个原因来自文化。这里，文化可以定义为特定社会中主流的信仰、态度和行为模式，可能与这个社会的主要宗教有关，不论该国曾是殖民地还是宗主国。简单地说，文化深受传统和历史的影响。对于不同腐败观的文化解释，一个例子是，之前提到的“经济”或“现代”腐败一直被称为“西方式”腐败，“社会”或“传统”腐败则被称为“亚洲式”腐败。与社会科学中的许多标签一样，这两个称谓都有问题，会产生严重误导。比如有人声称，提携反哺和庇护关系在亚洲诸社会中很典型，而它们在这些社会——据说——都不算腐败。这种说法至少存在两个严重问题。

首先，对于提携反哺和庇护关系算不算腐败，亚洲各国的主流看法并不相同。比如在新加坡和柬埔寨，看法就不一样。在“西方”，这方面的看法同样有分歧。英语国家和北欧的多数腐败研究专家认为庇护关系是腐败的一种形式，而多数意大利专家不同意这一点。事实上，许多国家进行的民意调查显示，即使是关于何为腐败的“主流看法”，往往也会引起误导。在20世纪末和21世纪初，世界银行在不同国家进行了“诊断式调查”，其中包括一些想象出来的情境，受访者被问及是否认为这些情境是腐败的例子。在许多情况下，受访者的观点分歧很大。面对这些调查结果，“俄罗斯人”或“英国人”对腐败所见略同之类的假设就成问题了。此外，也不应该仅仅因为某国政府发言人声称“这不是腐败，只是我们文化的一部分”，就假定多数国民也这么认为。同样有调查显示，许多国民的确认为某种行为是腐败，并且无法原谅，但他们却感觉无力挑战精英的看法；那些精英之所以坚持认为这种行为是文化的一部分，不过是在为自己成问题的行为辩护。第二种反驳意见甚至更有说服力，它声称西方也有很多“传统”腐败，而亚洲也不乏“现代”腐败。

下面我们不妨来看一个例子，其中四个国家对人际关系的看法一般被视为文化差异。作为考察对象的四个词分别是俄罗斯人的“布拉特”（*blat*）[1] 观念、中国人的“关系”观念、美国人首先提出（现在日益全球化了）的“结网”观念，以及英国人（主要是英格兰人）的“校友裙带”观念。

俄语的“布拉特”一词近年来语义有所变化，在苏联时期指的是人与人之间的一种非正式协议，即以金钱之外的交换来互相帮助。布拉特接近于物物交换的观念，是在耐用和非耐用消费品普遍短缺体制下的一种变通做法。一个农民可能会与电工谈妥，为后者连续两年提供鸡蛋和鸡肉，以换取他为自己的破旧农舍重新接上电线。不过，物物交换只是人和人之间的一种交换形式，布拉特则指形成私人关系，尤其是会让当事人彼此产生信任感和互惠感。

中国的“关系”观念也是指个人或群体之间产生的关联，涉及一种潜在的、长期的相互责任，即互惠互利。我可能以某种方式帮助了一个中国人，从而与他生出友谊或达成工作关系。那个人会感到有义务在未来的某个时刻，也许是多年以后，还我的人情。此人不会忘记我曾有恩于他。

“结网”这一概念正日益普及，它涉及确立非正式的关系，以便为当事各方带来好处。如果我与商务会议或学术会议上认识的人套近乎，心里最终想的是哪天可以从这种接触中求得方便，

---

① 俄语中的俚语，意为“拉关系、贿赂”。——书中注释均由译者所加，以下不再一一说明

我就是在试图以关系（可能只是很弱的关系）为基础，而不是完全以我的资历条件来影响那个人。这一条可能算是此处分析的四种非正式关系中最不受诟病的一种，但是从广义来看，它仍可视为腐败的一种形式。

很多人反对把“结网”与腐败扯上关系，英国的“校友裙带”概念则不一样，引起了广泛批评。那些可能连面都没见过的人却给彼此以优待，原因只不过是都上过英国一个小圈子的精英学校。比如，甲、乙和丙都上过显赫的公学（即最顶级的私立学校）。丙在求职，他与乙相识，乙于是鼓动与丙不曾谋面的甲录用丙，即使丙并不是最称职的人选。此处考察的四种非正式关系中，“校友裙带”是最排外的；如果幼年时不曾上过这些精英学校中的某一所，则绝无可能挤入那个内部圈子。此种关系与前三种的重要区别就在这里，它也最容易被列为腐败的一种形式。

对于这四种非正式关联，要强调的主要一点是，虽然互有区别且与特定文化相关，四者之间其实有共通之处。所有四种关系都会区分出自己人和局外人，让自己人享受优待。所有四种关系都被社会上的部分成员视为腐败，虽然相比于在中国批评“关系”的人和在美国质疑“结网”的人，在英国认为“校友裙带”不够正当的人要多得多。总之，文化差异是存在的，但一般没那么大。

当然，从狭义来看，只要上述几种关系不涉及国家公职人员，就都不算腐败。宽泛定义则使门户大开，人与人之间的所有关系，甚至是友谊，也可以称为腐败；这就是本书倾向于从狭义来界定腐败的一个主要原因。

除了文化因素，还有另一个问题：对腐败的定义不同，适用的司法管辖权也不同。这一点可以部分地由文化差异来解释并与之关联，但还有其他原因。主要原因在于立法环境的不同，比如立法者征询了不同专家的意见。在开放和民主的社会，立法可能是议会内外各种群体妥协的结果，各种利益纳入考量的优先顺序在每个社会也有不同。在威权体制下，这种解释就不大可能适用。威权体制通常比民主体制更为腐败，统治精英的选择一般是，或者不进行明确的反腐立法，从而不作法律上的界定，或者有意使此类法律含混不清。他们想维护自己的特权地位，宁愿不制定可能被用来削弱这些特权的法律。

最后一个原因是，分析人士有时是出于方法论上的原因而采用狭义界定的。比如，德国的一位知名学者在一项分析中决定把腐败主要定义为贿赂，因为这样更为直接、概念清晰，不用把社会腐败等更有争议的内容包括进来。

腐败的分类

在详细讨论本书对腐败所持的主要观点之前，有必要考察一下分析人士对不同类型的腐败进行分类的部分方法。

阿诺德·海登海默通常被尊为腐败比较研究之父，这位学者从“多数国民的看法可能与精英不同”这一点出发，把腐败颇为有用地区分为“黑色腐败”、“白色腐败”和“灰色腐败”。海登海默深知精英和普通国民有时对现象会有不同的感受，于是把黑色腐败定义为精英和大众双方的多数成员都加以谴责并希望惩治的活动，白色腐败虽然在形式上仍被视为腐败，但两个群体多少都会加以容忍，并不想看到当事人受到惩罚。灰色腐败则是指这样一些活动，精英和大众对其看法各异，甚至在这两个主要群体内部也存在着重要分歧，包括矛盾心理。

海登海默所作的另一个三分法是把腐败分为公职取向的、市场取向的和公共利益取向的。第一种关注的腐败是指公职人员有违职务预期的行为，可由官员获取不正当个人利益的欲望来解释。市场取向的观点对腐败的解释是，公职人员把职务看成牟取私利或办理私事的资源。他们所能提供的和索取的（即能收取多少贿赂）取决于公职所能提供的好处或服务的供求情况，简言之即取决于市场行情。最后，公共利益取向看重的是公职人员不正当的自肥行为对公众造成的伤害。

往往还有第三种区分，把腐败分成“食草型”和“食肉型”。1970年代早期，在关于纽约市警察局腐败情况的报告中，纳普委员会首创了这两个词。前者指官员对贿赂来者不拒，后者所指的腐败则更有掠夺性，官员实际上是主动索贿；前者有时也称为被动腐败，后者则称为主动腐败。与此相关的是对敲诈性腐败和交易性腐败的区分。在前一种情形下，受贿者向当事人施压，促其行贿，基本上等同于食肉型腐败。在后一种情形下，双方当事人（受贿者或行方便者与行贿者或求方便者）更为平等；双方基本上都出于自愿，像是在谈一笔交易。

许多官方反腐文件中进行的分类，初看之下似乎将同样的现象称为“食草型”和“食肉型”腐败，因为“被动”看起来不过是前者的另一种表述方式，“主动”也不过是描述后者的另一个词。现实中，它们却不是这么用的：第一个词通常指行贿，第二个词则指受贿。这种用法存在问题，因为“主动”和“被动”在如此应用时，暗指接受贿赂的人——官员——比所谓的“施主”责任要小。按照这样的区分，一个点拨车主、说行贿可以逃避超速罚款的警察就可以算是被动腐败，车主则是主动腐败。这两个词若用在另一些情形下可能更容易接受，比如某公司向采购主管施压，让其接受贿赂，而该主管此前一直洁身自好；但若用于国家官员从平民或企业那里敲诈钱财，则非常具有误导性。更进一步而言，如果说国家官员公认地应该为普通公民甚至商业企业树立榜样，那么就能明显看出为何如此用词会引起混乱。

第五种分类是分成小型（低级）腐败和大型（高级或精英）腐败。前者指普通公民在日常生活中可能碰到的各类腐败，比如在驾车时或者申请扩建房屋许可时。大型腐败，顾名思义，指精英层面的腐败，比如政治人物接受某个群体的贿赂，批准一项对他们有利的立法，或者某位部长无视顾问的建议甚至规章的约束，为一项大型住宅项目放行以换取贿赂。如果采纳腐败的宽泛定义（即包括完全属于私人企业内部的自肥渎职行为），就会有许多腐败是公司层面的，因而更接近于大型腐败。

遵循大致相同的思路，世界银行自2000年以来区分了“行政（或官僚）腐败”和“收买国家”。后者被当时共同任职于世界银行的乔尔·赫尔曼和丹尼尔·考夫曼称为“大型腐败的一种形

式”（强调为作者所加）；2000年，他们和杰兰特·琼斯（也来自世界银行）一起，把“收买国家”定义为：

> 公司通过私下向公共官员和政治人物献金来决定和影响游戏规则的**制定**（强调为作者所加）

自首创以来，该词的用法已经被其他分析人士扩展，比如纳入了有组织犯罪为影响立法进行的不当努力。赫尔曼、琼斯和考夫曼把“行政腐败”定义为：

> 与法律、规则和规章的**执行**相关的“小”型贿赂（强调为作者所加）

许多分析人士自此也扩展了该词的用法，于是任何与规则的执行相关的不当行为或不作为都可称为行政腐败。

与“主动”腐败和“被动”腐败这两个词一样，“收买国家”一词的一个缺陷是，它可以被解释为暗指行贿的人比受贿的人更应受到谴责。最初推广这些概念的世界银行官员们强调，他们的本意不在于此；这些概念主要针对的是受贿的国家官员。如果采纳把重点放在腐败官员身上的词，比如“出卖国家”而不是“收买国家”，误解的可能性就会减小。

拉斯马·卡克林斯提出了一种分类方式，比世界银行的更为复杂。她重点关注的是中欧和东欧的后共产主义转型国家，把腐败行为分成三种基本类型，对每一类又进行了细分：低级行政腐败、官员为牟取私利侵吞资产，以及通过腐败网络收买国家。第一类和第三类腐败基本上与世界银行的分类相同。但卡克林斯提出的第二类腐败是一种重要补充，此种腐败近年来在许多转型国家都能发现。后共产主义国家的分析人士一般称其为“权贵阶层私有化”。这一过程普遍出现在1990年代的许多中欧和东欧国家，在那里共产主义时代的往日精英，即权贵阶层，能够在前国有企业出售过程中以各种方式（比如从购买者处获取回扣，或者以压倒性的低价自己直接购买）占据道德上不光彩的优势。

相关概念

许多现象与腐败有重叠或相类似。腐败本身就是一个充满争议的概念，既可作狭义也可作广义解释，于是有人会在密切相关的诸概念之间进行区分，还有人则希望把它们看作腐败的变化形式。有鉴于此，下面所作的区分将带读者认识一些主要术语，一般认为它们与腐败相关联。

贿赂与腐败

我们用英语谈论“贿赂与腐败”这一事实本身就意味着两者之间关系密切。但是，正如之前对社会腐败的讨论所表明的，腐败可以表现为不正当的工作关系，即某种形式的偏袒，从而不一定涉及贿赂。此外，某些官员会利用职务之便盗用公款；这是另一种不涉及贿赂的腐败。反过来，贿赂也会完全发生在私人企业内部；这构成广义上的腐败，但就狭义来看并非腐败。

贿赂与礼物

判断特定行为是否构成腐败，最复杂的问题之一就在于如何区分礼物与贿赂。在许多亚洲文化中，赠礼不仅不算行贿，拒不接收或者视之为实际上的贿赂还是无礼的。这是文化差异的一个例证；在大多数亚洲国家，不仅精英，连多数国民都认为向来访者赠送礼物以示热情好客既是一种礼貌，也是一种必要。相反，许多西方人对于接受礼物是有保留的。正如在确定腐败的恰当边界时经常适用的，这个问题不能简单地以非黑即白的态度观之。况且，西方人在这个问题上有时会在不经意间言不由衷；许多经理会一面对亚洲式的“赠礼”颇有微词或心生不快，一面却认为在圣诞节向私人助理赠送礼物，以感谢其上一年度的勤奋和忠诚并无不妥。

这个问题并无明确的解决之道，但在大多数情况下，我们可以通过考察以下六个变量来合理区分礼物和贿赂：

1. **送出物品者的意图**。送出“礼物”的人是否暗地里或明确地期待某种回报？如果不是，则贿赂以及后续可能发生的腐败并不成立。
2. **接收物品者的预期**。接受“礼物”的人是否认为必须以某种方式加以回报？如果不是，接受礼物的行为构成腐败的可能性就小得多。

3. **送出物品的时机**。如果一个有求于人者，比如想要获得许可建造一栋高楼的人，在主管官员做出决定**之前**给他送了份“礼物”，几乎一定会构成贿赂。如果礼物是在最终决定完成**之后**送出，并且有所求者此前并未暗示若获得许可则有回报，这样的礼物就不大可能构成贿赂。

4. **“礼物”的价值**。显而易见，给老师送个苹果与送她一辆崭新的奔驰轿车完全是两码事。事实上，这种区别是程度上的，而不是性质上的。然而，越来越多的国家和国际组织现在意识到，程度上的差别相当之大，对这两种行为应该加以区分。界限设在哪里？这是一个难题。本书第六章会重新探讨这个问题。

5. **法律观点**。这是一个正式的变量，要求考察特定国家或组织的法律或规章是如何规定的。比如，新加坡的警察不得从快餐商店接受免费饮品，澳大利亚的部分地区则没有这种规定。该变量与其他五个变量的不同之处在于，它可以从这个列表中拿掉而不影响后者的适用性。

6. **能感知到的社会对于此事的接受度**。与上一个变量不同，此变量关注的是问题的非正式方面，即多数公众的看法。前文已经指出，不同的文化对什么是腐败以及腐败的可接受程度有不同看法。确认这些差异的一个途径是，通过媒体等的调查、分析来确定各国对特定行为或不作为的主流态度。

公司和白领犯罪

我们记得，透明国际于2000年修改了其更倾向于采纳的定义，承认腐败也可以纯粹发生在私人企业内部（公司对公司腐败）。然而，这一态度不过是无谓地扩展了腐败概念，毕竟对于国家和私人企业，是有充分理由区别对待的。多数情况下，如果对某家私人公司的产品或服务不满，我可以另选一家；市场经济就是以竞争为基础的。但是国家却处于实质上的垄断地位；比如，如果不信任法官或警察，我也无法转请他人来执法。更何况，在产生纷争的场合，国家充当着个人之间和组织之间的仲裁者，即公断人；商业企业却不扮演同样的角色。这是两个充分的理由，表明把国家和私人企业区分开来是有意义的。

最后，要想描述私人企业内部为获取私利而滥用职权或者私人组织中的违法乱纪行为，有几个非常恰当的现成词语。形容前者的最常用词语是“白领犯罪”，广泛用于形容后者的词语是“公司犯罪”。这两个词都存在一个主要缺陷：媒体上报道的“犯罪”，大部分事实上并未违法，而只是不被社会接受（即不正当而非不合法）。因此，通常更可取的是把两者分别称为“白领行为不端”和“公司行为不端”，不过如果违反了法律，则宜于称其为特定场合犯罪。

有组织犯罪

有组织犯罪和腐败之间一般有相当的重叠和互动；事实上，如果犯罪组织和腐败官员之间没有勾结，有组织犯罪就不会如此逍遥法外。两种现象间也有很多相似之处。犯罪团伙和腐败官员都追求背离社会和国家利益的既得利益。有组织犯罪和腐败都可能涉及一些活动，这些活动在多数国民看来是不正当的，但从专业角度来看并不违法（因此用有组织**犯罪**来形容某些犯罪团伙的活动有时并不准确）。一些分析人士把有组织犯罪与腐败区分开，认为前者必然涉及暴力（不论是实际使用还是威胁使用）而后者则不然。但是，警察有时也会未经国家许可而使用或威胁使用暴力。

概念上的一个关键差异是，腐败涉及官员（若采纳广义的腐败，则还包括私人企业主管和专业人员），而有组织犯罪不涉及，除非存在官商勾结。另一个差异是，腐败官员有时是以个人名义活动，即成为所谓的害群之马，而有组织犯罪必然是团体活动。

另一种定义

在多数情形下，世界银行以及许多其他组织和专家使用的狭义界定是恰当的，虽然并非完全没有问题。要想界定得更为细致或详细，我们可以使用五项标准来判定一项行为或不作为（比如为了获取回报而故意视而不见）是否构成腐败；一项行为或不作为要构成腐败，必须满足所有五项标准（见表框1）。

表框1　腐败的判定标准

- 行为或不作为必须涉及身居公职的个人或群体，不论是经选举还是任命入职；
- 该公职必须在决策权力、法律执行或国家防卫方面具有一定程度的权威；
- 官员的行为或者在本职工作上的不作为，必须部分出于个人利益或其所属组织（比如政党）的利益，或者同时出于两种利益，并且这些利益必须背离国家和社会的终极利益；
- 官员的行为或不作为部分或完全地于暗中发生，并且其明知自身行为会或可能会被视为不合法或不正当。如果对于行为失当的程度不确定，官员就会选择不受检验，即不让自己的行为接受所谓的**阳光测试**（允许公开审查），因为他们希望自己的利益最大化；
- 行为或不作为必须在相当比例的人群或/和国家的认知中属于腐败。这最后一条标准有助于克服解读腐败时的文化差异问题。

这套标准符合本书对腐败倾向于采纳的狭义界定。更倾向于广义界定的人，要套用这套标准，只需稍加调整，比如把“公职”替换为“被托付权力的职务”。本书的余下部分，虽然重点放在官员（狭义）腐败上，也会引用来自企业界甚至体育界的例子。

前文已经表明，对于何种行为构成腐败以及为何构成，并没有广泛共识。然而，以狭义界定即对公职的私人滥用为起点，却得到广泛赞同，纵然私人滥用和公职这样的词也有多种解释。在多数情形下，应用这五项标准进行检验能明确地判定特定行为或不作为是否构成腐败，本书后面几章也会应用这些标准。在这些检验之外，各人要判定特定情形是否构成腐败，则必须基于所谓的“大象测试”，即“很难描述，但看到时我会知道”。

第二章

腐败何以成为问题?

腐败以多种方式对个人、群体和组织（包括国家）造成冲击。其负面影响，许多显而易见，另一些则相对隐蔽。为使叙述更清晰，这里分别从社会、环境、经济、政治-法律、安全以及国际影响诸方面进行考察；在现实中，某些腐败行为一般会同时在多个领域造成影响。

社会

腐败通过无数方式对社会产生负面影响，这里不得不有所取舍。其中一个是对普通人的工作和生活环境产生影响。在2013年5月于华盛顿市发表的一次演说中，乌干达反腐联盟执行主任声称，2012年在乌干达发生了一件丑闻，巨额养老金因腐败被窃取；如果这些钱用在刀刃上，将会雪中送炭，使3万多名小学教师或4.6万名警察的工资提升50%，或者能提供近1 800万支抗疟疾药剂。

对于许多发展中国家和转型国家，腐败造成的一个严重问题就在于它会减少援助，因为有捐赠意向或借款意向的人，看到某些国家的精英似乎把大部分资源都中饱私囊，则要么会终止提供资金，要么会拒绝提供。不幸的是，通常社会上最贫困的人群受此危害最甚。

腐败很容易从横向和纵向两个方向上，在社会中让人们更强烈地意识到“他们”和“我们”之别。精英和大众之间的鸿沟本来没有那么大，却往往被拉得很大，因为人们感到，腐败官员以牺牲普通国民为代价侵占了国家的财富（纵向裂痕）。同时，腐败也会扩大国民自身之间的分裂（横向裂痕），因为那些不愿或无力行贿以获取所需的人，会对能够且的确行贿的人充满憎恨。

一个相关的事实是，腐败会加剧不平等。如果不平等看起来基于功绩，即使程度较高，许多国民也会在合理范围内加以容忍；但如果优质工作和晋升的获取更多地基于私人关系和贿赂，就会受到憎恨。如果不断拉大的不平等再伴以更高程度的贫困，问题就会恶化，而事实往往正是如此。在世界货币基金组织于1998年发布的一项具有重大影响的分析中，作者们研究了30多个国家长达18年的数据，令人信服地表明腐败程度的加剧不仅会拉大收入差距（由基尼系数反映出来），也会加深贫困程度。贫困与身体和精神上的不健康状况息息相关，因此腐败会直接影响人的幸福。

如果腐败意味着对国家及其官员越来越不信任，就会普遍出现“向家庭回归”和对亲情日益依恋。这种现象可能会带来一个负面效应，那就是强化的“亲友”认同会减少社会资本，加大社会群体之间的疏离，从而导致族群冲突。

高度腐败以及随之产生的对国家缺乏信任，会加剧社会中的不安全感。比如，公民如果由于腐败问题而不信任执法官员，就会不太愿意向当局报告犯罪行为，也不愿与当局合作；这通常导致犯罪率更高，从而使公众产生更强烈的不安全感。

由于腐败，官员们自身可能会感到更不安全。如果政治精英决定重拳反腐，即使是正直的官员也会感到不安，因为当前不算腐败的行为未来可能会归为腐败并受到相应惩处；这会让他们在履行常规和正当职责时犹豫不决，甚至完全拒绝履行。在理想的法治国家，任何立法都不会溯及既往，这样的问题就不会出现；但在当今，即使是在西方，也少有国家严格遵循法不追溯这一观念。

在许多东欧国家，数十年中都不存在真正的有产阶级，没有哪个群体有合法资金投入新生的市场化、私有化经济中，由此导致其早期的转型过程更为艰难。在此情形下，腐败有助于催生一个新的富裕的资产阶级，但这是以不正当收入为前提的，破坏了这一新生阶级及其观念的公众基础。

某些分析人士认为，近年来有组织犯罪中发展势头最迅猛的，是与网络犯罪相结合的人口贩卖。在这种现代奴隶制中，若非有腐败官员共谋，被贩卖人口的规模不会如此之大。非洲国家中，尼日利亚的许多妇女被卖往欧洲从事卖淫活动，尼日利亚因而成为主要的受害国家；奥西塔·阿格布详细分析了腐败官员在其中发挥的作用。

除了在人口贩卖中发挥作用，腐败官员还会在武器贩卖中成为同谋，而武器贩卖会增加谋杀率，成为恐怖分子的帮凶。由于卷入武器贩卖，孟加拉国两名政府部长于2014年被判处死刑。

腐败会危及人的生命，其表现有多种形式，其中之一与洪水有关。树有许多好处，比如可以防止土壤流失。在某些国家，腐败官员为了得到贿赂，往往会对河岸沿线砍伐树木的行为视而不见。这种砍伐有时会导致暴雨之后河岸崩塌，河边建造的房屋院落被毁，许多生命由此葬身于洪水。

腐败危及生命的另一种极为常见的形式与建筑行业相关。有些建筑和安全监理人员由于受贿而无视行业中的玩忽职守，包括使用劣质材料；他们已经因不合标准的建筑产品造成人员伤亡而受到控告。其中一个特别严重的例子是2007年埃及亚历山大市的建筑倒塌事件，造成35人死亡，当地官员的大面积腐败由此受到指控。鉴于近年来埃及其他城市发生了更多的类似案例，埃及当局显然任重道远；2013年1月，亚历山大市的一幢公寓楼倒塌，至少24人丧生，再次引起对腐败问题，包括对埃及住宅部部长的严厉指控（图2）。就死亡人数来说，更严重的事故是1995年韩国首尔一座百货大楼的倒塌，造成502人死亡；最终，倒塌原因被部分归结于两名市政建筑监察人员的腐败，他们被判在大楼建造阶段犯有受贿罪。

目前为止，我们重点关注的是狭义腐败（即涉及国家官员）的负面影响。21世纪，公众已经对广义腐败可能产生的破坏性影响变得远为敏感。随着西方国家的公司前仆后继地（仅举几例：美国安然、美国世通、意大利帕玛拉特、德国西门子、澳大利亚小麦局）被曝行为不端，包括行贿和给予回扣以获得海外订单，公众对商业企业的信心轰然瓦解。许多人坚持认为，2008年全球金融

图2　2012年埃及的一幢建筑倒塌，19人丧生，据称由腐败导致

危机的部分原因就在于公司行为不端，并视其为重大经济问题的根源，这些问题社会影响恶劣，波及就业和养老金体制。

关于腐败的**报道**也会对公众产生负面影响，它会强化普遍的失望感甚至绝望感。然而，很难确定多少数量的报道、什么类型的报道才是最恰当的；套用一句老生常谈，对媒体来说“坏消息就是好消息”①，极少有记者能自我克制，不去尽可能多地报道丑闻，不论相关指控有没有经过彻底调查。对腐败不负责任的报道会让民众怀疑媒体的“看门狗”角色，这对公民社会的成长是有害的。

---

① 此处套用常用语“没有消息就是好消息”（No news is good news）。

环境

环境大概是人类面临的最大的长期问题。不幸的是，腐败通常会使这个领域已经存在的问题复杂化。根据联合国毒品和犯罪问题办公室（UNODC）的说法，与环境相关的腐败包括：

> 实施环境项目时的侵吞公款，发放自然资源开采许可或执照时的大型腐败，以及执法人员的小额受贿。

该办公室还指出了最容易发生腐败的领域：林业、石油开采、濒危物种贩卖，以及有毒废料处理。

全球许多木材生产和出口巨头，包括巴西、印度尼西亚和俄罗斯，都经历过严重的环境破坏，原因就在于腐败官员纵容非法砍伐。有人声称，近年来世界上产出的木材，有一半以上是非法砍伐得来的，其中多数都涉及贿赂和腐败。

至于濒危物种，2011年，致力于阻止野生动物贩卖的非政府组织“自由土地”的负责人声称，该组织在反贩卖项目上遭遇的首要问题就是腐败，尤其是高层次腐败。腐败会间接导致各种野生物种的灭绝。

经济

对于腐败造成的影响，研究和报道最多的是经济方面。在

1990年代中期发表的一份被频繁引用的报告中，经济学家保罗·莫罗反驳了一些人在1960年代提出的主张，即腐败（比如向官吏交纳疏通费或者说“加急费”以更快获得许可）实际上能提高经济增长率。基于大量数据，莫罗将多个国家的增长率和对该国腐败程度的主观评估进行对比，得到的结论是腐败会阻碍投资，反过来又会降低增长率。虽然有人对此主张提出了质疑，多数观点仍然认为莫罗基本上是正确的。比如，在发表于2000年的一篇论文中，魏尚进[1] 认为腐败率越高的国家，外商直接投资越低，因为潜在的投资者会因腐败而止步。

一国若留给外界高度腐败的印象，要获准进入某些国际“俱乐部”，尤其是欧盟，就会极为困难甚至没有可能；毕竟，其加入这些“俱乐部”的动机，正是从成员身份中看到了可能获得的重大经济利益。即使已经进入此类跨国组织，高度腐败的印象也会造成严重经济后果：保加利亚、罗马尼亚和捷克三个新成员国自加入欧盟（前两国于2007年加入，捷克于2004年加入）以来被大量削减拨款，原因正在于欧盟对其腐败程度的忧虑。此外，保加利亚和罗马尼亚试图加入申根区（该区域由26个欧洲国家组成，各国之间没有边境管制）的努力都失败了，因为欧盟的部分西欧成员国，尤其是德国和荷兰，担心这些东南欧国家与非欧盟邻国之间的边境太容易穿越，而造成这种状况的主要原因就在于其边

① 美国哥伦比亚大学商学院及外交与公共政策学院终身讲席教授。曾任亚洲开发银行首席经济学家、国际货币基金组织研究部助理部长及研究主管、世界银行反腐败政策与研究顾问等职。

境守卫和海关官员高度腐败。

欧盟自身经历的一个严重的经济问题也要部分归咎于腐败。2012年，透明国际一份名为《金钱、政治、权力：欧洲的腐败风险》的报告指出，在许多欧盟国家腐败是引发2010年爆发的欧元区危机的重要因素（希腊被视为罪魁祸首）。

腐败会导致国家税收减少，因为腐败官员为了获得贿赂，会豁免公民和企业的罚款、税收等。欧盟于2014年2月发布了自成立以来的第一份反腐报告，声称腐败每年给欧盟国家总体上造成的损失约为1 200亿欧元。这个数字与非洲联盟2002年估计腐败给其53个成员国造成的损失（1 500亿美元）相近，不过欧盟的数字虽然庞大，却不像在撒哈拉沙漠以南的非洲联盟那样，占到国内生产总值的近四分之一。

许多国家，多数是转型国家，近年来引入了固定税率的所得税制和公司税制，一般正是为了减少国家税收流失的风险。其中的基本考量是，累进税制更多地由税务官员自由裁量，比固定税率制提供了更多的腐败机会；在累进税制下，个人和公司都可能少报收入，以便在更低的税率等级中纳税（逃税的一种形式）。遗憾的是，固定税率制并非滴水不漏，因为个人和公司仍然可以与腐败官员勾结，做低应税收入，使国家的法定税收减少。

腐败会减少经济竞争，因为腐败官员会偏袒向自己行贿的公司，比如在这些公司收购国家推向私有化的工厂或者从国家那里获得承包合同时，给予其不公平的优待。竞争减少通常会使选择更少，同时导致价格和成本更高，这些对消费者和国家本身都是有害的。

对于国家的发展和福祉来说，有一个因素在经济上具有严重的负面派生影响，即社会腐败（任人唯亲、任用亲信等）会让诚实正直、资历良好的人灰心，他们会由于无法获得好的职位或无法得到晋升而产生挫败感。有些人干脆不再努力工作，不再积极主动，另一些人则移民到腐败更少、选贤任能的国家。因此，腐败会加速人才外流，使社会无法获得最胜任的人来管理国家和经济。这种现象有时被称作人力资本外逃，已经成为类似伊朗这样的国家面临的特别尖锐的问题。

其实，传统的资本外逃问题也与腐败相关。2000年7月第一次担任总统后不久，普京召集俄罗斯许多顶级富人，即所谓的寡头举行了一次会议，并在会上告知他们，只要遵守四条规则，就不会过问其财富来路；四条规则中的一条就是把他们转移到海外的大量资产收回国内。多数寡头存不存在腐败问题，这一点尚须讨论；这次会议值得注意的一点是，它明确显示了国家高层对资本外逃的关注。还有许多国家在近些年也面临着这个问题，各级腐败官员，包括最高级官员，是问题的症结所在。

在经济上承受腐败之痛的不仅是公众和国家。公司有时也会被曝向官员行贿以获取承包合同，且负面后果严重。2013年，澳大利亚新南威尔士州的反腐独立委员会认为，猎人谷的某些采矿执照是以腐败的方式获取的。有鉴于此，新南威尔士州政府于2014年1月宣布这些执照作废。

政治和法律制度

腐败会以多种方式对政治制度（例如民主制和独裁制）和政权（维持政治制度运行的团体）产生负面影响。例如，某些议员对于任何有意向自己行贿或者在未来选举中为自己增加筹码的人，都愿意给以优待，这些议员的权力和影响力就会由于腐败而不公平地得到增强。这种情况在全世界都能看到，表现形式是政治分肥，即议员为了获得更多的选民支持，向特定选区不当地拨款或承诺拨款。

不过，与不当优待相关的这一点，把我们引向了腐败研究领域一个相当模糊的地带，即游说问题。在美国这样的国家，游说是合法的，有正式的组织。但有人视游说为腐败的一种形式，认为它虽然发生在富裕国家，实质上与穷国中更明显的企图影响政治人物的腐败行为（见第一章提到的“收买国家”）功能相同。不过要判定游说是否构成腐败，还有必要考察特定情形的确切性质；笼而统之的说法会引起误导。

许多组织，比如世界自然基金会和其他慈善组织的游说目的在多数人看来是完全合法的，此类游说应该与关联着明显既得利益的游说区别开来。此外，如果游说资金来自经官方注册的机构而不是用于行贿，并且该机构的财政明细完全透明（这一附加条件很重要），也不宜归为腐败。某些类型的组织所进行的游说看上去可能不公平，比起一般人，它们给予那些握有充分资源的人更多的机会去影响政治决策者，但这不过是政治不平等的另一面，即使在最民主的制度中也会存在。因此，不论对于腐败分析人士还是民主理论家，它都是个问题。

让民主的理论家和实践者都很头疼的另一个问题是，以哪种方式为政党提供资金最好——尤其是，这种方式有没有可能杜绝腐败。1999年，德国发生了所谓的“科尔门”丑闻，基督教民主联盟名誉主席赫尔穆特·科尔被控在担任德国总理期间（1982—1998）卷入腐败事件，为他所属的政党接受和分配违规资金。最终，基督教民主联盟被判腐败罪名成立，德国联邦议院议长试图向该党施以总额近5 000万马克（约2 500万欧元）的罚款。惩罚最终被取消，但“科尔门”事件的直接结果是，德国的政党筹款规则进行了重大修改，变得更为透明，对企业捐助依赖更少。这一案例的独特意义，与其说在于一位西方政治领袖被控腐败（法国的雅克·希拉克和意大利的西尔维奥·贝鲁斯科尼近年也面临过腐败指控），不如说在于它发生在德国这个号称拥有世界上最好的政党筹款制度的国家。

腐败会破坏竞选，强化政党之间的不平等，削弱政党的竞争力。选举中的欺诈和行为失当表现为多种形式，最常见的两种是操纵投票和贿选行为（见图3）。近年来，世界上多数地区都曾被控或被查实发生过这两种情况，且为数不少。但是，和其他多种腐败一样，它们在发展中国家和转型国家并不是新现象，也非这两类国家所独有：贿选的一个早期案例是1768年发生在英国北安普顿的“挥霍式选举”。

国民对腐败的绝望会提升极端政治人物对选民的吸引力，不

图3　操纵投票在许多国家仍然司空见惯

论是左派人物还是右派人物，因为他们承诺会根除腐败。经验研究显示，这样的极端人物若能当选，一般在减少腐败方面毫无作为；但在某些国家，人们普遍相信这些人有灵丹妙药。

政党或政治人物对腐败的指控可能会反过来招致对自身的指控。这会导致选民不满加剧，引起各种不良后果。其中之一是国民会变得悲观怀疑，由此疏远政治生活，虽然是以被动的方式。另一个后果是国民被激怒，引发激烈的公众骚乱，使制度失去合法性和稳定性，从而使政权，甚至政治制度本身被颠覆。在2012年对腐败所作的分析中，弗兰克·沃格尔重点关注了2011年所谓的阿拉伯之春，认为公众对腐败的愤怒是埃及和突尼斯政权与制度崩溃的主要推动因素。

由此看来，腐败会破坏制度合法性，即破坏国民感受到的统治者进行统治的权利。太多的腐败和对腐败的报道会使国民对市场、民主和法治失去信心。在转型国家，这样更容易引起不稳定，但即使在发达的西方国家也是如此。2013年1月，欧洲委员会秘书长声称："腐败是今日欧洲的民主制度面临的最大威胁。这片大陆上越来越多的人正在对法治失去信心。"

在曾经有过法治的国家，如果人们对法治失去信心，滥用公民自由和人权的风险就会增加。这个问题最初影响的是普通公民，但过度的滥用对政治精英来说也是危险的，他们的统治会受到公众骚乱的威胁。与腐败的其他许多方面一样，这种危险并非新近才出现。在东亚传统的"天命"观念中，人民就有权推翻无能、残暴或腐败的皇帝。

安全

国家要想恰当地发挥国防、执法和福利方面的职能，就需要有充足的经费；若腐败减少了政府税收，就会对国家保护民众的整体能力产生有害影响。国力衰弱和腐败加剧之间关联紧密。

1990年代，在许多由苏联解体形成的国家，军事基地在安全方面马虎松懈，令人震惊；西方的各种政府报告和学术分析称，俄罗斯和乌克兰的腐败官员将核材料非法出售给了任何愿意出钱的人。这方面的许多证据都是根据情况推测出来的，但的确有无可辩驳的证据表明，弱国的腐败官员将各种武器出售给了有组织犯罪团伙和恐怖分子。

不过，这一情形也存在于成熟的民主国家。2014年3月，在美国联邦调查局的诱捕行动中，一名加利福尼亚州议员遭到逮捕，被控勾结以美国为基地的有组织犯罪，向总部位于菲律宾的叛乱组织贩卖武器。根据联邦调查局的说法，该议员获得的回报是政治竞选方面的资助。据称，他计划把贩卖活动扩展到非洲，对于可能造成的不良后果却漠不关心。截至本书写作时，此案仍在调查中。

关于成熟的民主国家和武器交易的最后一点是，许多西方公司被指控向海外的政府官员大量行贿，以获取购买军事装备的订单；以腐败方式卷入这一有致命危险的交易中的，不仅仅是个人和犯罪团伙。

国际影响

一国腐败对其他国家的部分影响在于引起不快，而不是形成真正的危险。例如，1990年代德国汽车保险费用的上升，部分原因就在于该国有大量汽车失窃并被偷运往中欧和东欧国家；在这一乱象中，经常会有犯罪团伙贿赂海关官员，让他们在汽车偷运过程中睁一只眼闭一只眼。

其实，腐败的许多国际后果要严重得多。例如，从事国际非法交易，包括药品、武器、人口和人体器官贩卖的犯罪组织，若非经常贿赂海关官员、警察以及其他官员，使他们对犯罪活动视而不见或者在突击检查（比如对非法妓院的检查，那里有跨国贩卖的人口）之前通风报信，其犯罪活动远不会那么顺利。

遗憾的是，实用主义常常在国际关系中压倒原则性，那些看起来腐败程度较低的国家实际上可能会容忍他国更高程度的腐败，如果该国拥有核武器或者有前者高度依赖的商品（比如石油）的话。但有时，当他国的腐败变得忍无可忍时，一些国家就会决心采取行动。一个明显的例子是美国2012年的《马格尼茨基法案》，该法案意在（通过禁发签证和冻结银行账户）惩罚那些对审计员[①] 谢尔盖·马格尼茨基之死负有责任的俄罗斯官员。此事与腐败的相关之处在于，马格尼茨基一度持续调查俄罗斯税务官和警察的欺诈行为，随后则被指与一家投资咨询公司勾结而遭到逮捕，该公司曾向俄罗斯当局报告了涉嫌腐败的问题，反过来又被当局指控逃税。马格尼茨基于监禁中身亡，疑点重重。不出所料，《马格尼茨基法案》使莫斯科和华盛顿之间关系恶化。俄罗斯人迅速炮制出一份名单，上面的美国人将无法获得签证，同时还禁止美国家庭收养俄罗斯儿童。

倾向于对腐败进行宽泛定义的许多读者，会注意到针对各种国际体育机构，包括主要的足球组织国际足联（FIFA）的指控。2014年初，媒体报道最多的案例与2022年世界杯的申办程序有关。这样的指控，不论是否被证实，都有损于此类组织以及被控卷入腐败行为的国家的国际合法性。

本章关注的是腐败的负面影响，但是为防止造成误导也要承认，有些备受推崇的分析人士曾声称，腐败有时也能带来益处。

① 原文如此。似应为律师。

实际上，有人甚至断言腐败在道德上也可能站得住脚。为表明这一点而引用的一个经典情形是，纳粹的监狱看守为得到贿赂而允许犹太囚徒逃跑。探究这一情境下的伦理问题需要展开漫长而复杂的论述，也超出了本书的主题。但是，从更广泛的意义上来说，关于腐败可能带来的益处，必须加以考察。

1960年代，美国和英国的许多学者，尤其是纳撒尼尔·莱夫（哥伦比亚大学）、约瑟夫·奈和塞缪尔·亨廷顿（二人都是哈佛大学教授）、科林·利斯（萨塞克斯大学），主张不要再从道德的观点来看待腐败，而是从理性的、功能的方面（即腐败发挥的作用）去看。这一观点有时被称为腐败研究中的修正主义。他们以各自的方式程度不同地提出，发展中国家有时能受惠于腐败，因为腐败可以"润滑齿轮"或成为"激素"，而不是"齿轮中的沙"或"毒素"。他们坚持认为，如果一个国家国力虚弱且各方面运转不良，腐败将有助于履行一些基本职能。

有人仍然认为，腐败总体上看并非全是坏事。例如，保加利亚分析人士伊万·克勒斯特夫就支持灵活对待投资方面的腐败，认为给国内投资者比国外投资者更有利的条件（可能是为了获得贿赂）能让国人有机会在东欧国家中踏入资本主义的梯级，而此前这些国家是没有资产阶级的。

这种观点在近期的第二个例子，见于路易吉·曼泽蒂和卡罗尔·威尔逊2007年的一篇文章。他们在文中声称，若某国国力虚弱，许多人就会支持腐败的政治人物，让这些政治人物带来国民想要的东西。这种观点甚至也适用于强国。2004—2006年，两位作者在六个国家对政党筹款和腐败之间的关系进行的一项调查显示，在有两个候选人的竞选中，14%（德国）和35%（法国）的选民（在保加利亚、意大利、波兰和俄罗斯这个比例是约25%）更有可能把票投给精力充沛但行事腐败、以善于把事办成著称的候选人，而不是投给“品行完美”但能力低下的候选人。

这样的结果很有意思，在许多方面违反直觉，需要加以“解构”。首先，在现实生活场景（此处的情形即选举）中，受访者的行为方式可能会不同于调查时所声称的；不过，要确定会有更多还是更少的人**事实上**会投票给腐败但能干的候选人是极为困难的。其次，受访者面临的选择只有两个次优的候选人；现实世界中，如果出现一个精力充沛又廉洁自律的候选人，就会成为另外两人的强大竞争对手。换句话说，表示会投票给腐败候选人的受访者并不是在明确表示偏爱腐败官员，仅仅是两害相权取其轻。不过话虽如此，来自印度和意大利的证据还是表明，选民们有时明知候选人腐败也会选择他们。

就在某些修正主义者仍然认为腐败有时会带来益处时，罗伯特·克利特加德提出了一种略为不同的观点：他在1980年代末支持“最优数量”的腐败。克利特加德没有宽恕腐败，或许是出于经济学家的视角，他主张反腐的成本不应超过腐败造成的经济损失。结合现有资源来看，腐败被最大程度遏制的那个点，就是最优数量。

当前受到广泛认可（虽然还不是普遍认可）的共识是，即便腐败在某些特定情形下能带来益处，那也仅仅是短期的；最终，腐败的代价无一例外都会超过带来的益处。为短期腐败辩解绕不过的一个问题是，腐败文化一经确立，就会有路径依赖，极难扭转。与完全为腐败辩解相比，更好的态度是具体情况具体对待，像海登海默那样，在黑色、白色和灰色腐败之间进行三重区分（见第一章）。这样就为区别对待和细致描绘留下了余地，而不必诉诸无保留的辩护。

第三章

腐败能否衡量？

在1995年的一篇文章中，莫伊塞斯·纳伊姆提出了全球的“腐败井喷”。腐败的规模真的在增加吗？某些国家是否真的比其他国家更为腐败？要回答这些问题，我们就得能够衡量腐败。遗憾的是，这项任务特别艰巨，部分原因在于我们无法就何为腐败达成一致。

另一个重要因素在于获得信息的难度。在大多数犯罪和不端行为中，受害者都能把遭遇的经历报告给当局，往往也的确报告了。但是，那些行贿的国民却不太可能举报索贿或受贿的官员。其中一个原因是，多数情况下该国民自身的贿赂行为就是犯罪。另一个原因是，行贿者可能担心，作为回报领到的建房许可或出国护照会被撤销或没收，举报腐败官员会损害自身利益。那些不涉及双方交易的官员或其他负责人员，比如贪污公款者，其“受害者”往往是规模庞大又面目模糊的组织，比如国家或一家大公司；除非进行严格意义上的审计，其受到的损害甚至不会被察觉到，而审计是极少发生的。有时，“受害者”甚至更为抽象，比如是“社会”。最后，在上面列举的所有情形中，腐败人员获得的利益都是有形的。如果把社会腐败包括进来，就能够明显看出为何对于腐败的衡量（比如提携反哺关系的规模）会极为困难。

这些重要问题的确存在，但是要想确定某个国家或机构的腐败程度与其他国家或机构相比是在上升还是下降，要想降低腐败程度并在经验感受上显示出这种降低，我们就必须努力衡量腐败程度。

衡量腐败的规模，有四种常用方法：官方统计法、印象和态度调查法、经验调查法、跟踪调查法。本章将考察这些方法，再顺带看看其他不那么常用的方法。

官方统计法

对许多分析人士来说，衡量腐败规模的基础是国家给出的官方统计数据。这些数据主要有两种，即法律的和经济的。法律数据一般最多能显示腐败的五个方面：

1. 报道的腐败案件数量。
2. 调查的腐败案件数量。
3. 起诉数量。
4. 定罪数量。
5. 做出的判决。

这些数据构成了一个基础，但存在很大问题，尤其是用于国家间的比较时。甲国前四项变量中的部分或全部数字比乙国低（相对于人口规模），原因**可能**在于甲国腐败的确较少，也可能在于甲国社会对报道和调查的态度不够坚决。甲国国民可能认为，对于有嫌疑或众所周知的腐败进行报道意义都不大，因为当局无能为力、漠不关心或本身就很腐败，而乙国国民对他们的执法机构更为信任也更有信心。另一个问题是，许多国家并不提供与腐败明确相关的全面数字，或者相关的任何数字都不提供；这些数字通常被经济犯罪或滥用职权这些更宽泛的类别所掩盖，而这两个类别涵盖的现象一般都不会定性为腐败。

政府机构有时发布的另一类与腐败相关的统计数据是经济类的，尤其是贿赂的平均数额和腐败对经济造成的影响。许多实际的腐败案例是无法确认的，数字只能是大概的估算；实际上，它们往往基于调查数据，比如询问受访者过去12个月中行贿的数额是多少，平均数额又是多少；这些数据是从问卷的寥寥几页中得出的，基础不够扎实。

官方统计至多不过揭示了**最小**腐败规模。由于甲国调查指控时比乙国更为随意，**最小**腐败规模也说明不了什么，而且很容易产生误导。能看到冰山一角固然很好，我们却无法由此得知冰山的整体大小。有鉴于此，当今的多数分析人士更倾向于采用官方统计之外的方法来评估腐败规模。

印象和态度调查法

在全球范围内，被引用最多的腐败规模方面的资料来自透明国际的“腐败印象指数”（CPI），这是一项印象调查。此类调查衡量的是人们对腐败的印象和态度：他们是否认为当局付出了足够努力来遏制腐败，在哪些部门腐败最为猖獗，等等。自1995年起，腐败印象指数每年发布，透明国际称之为“对民意测验的测验”或“对问卷调查的调查”。透明国际自身并不实际进行调查来得出腐败印象指数，当前它是通过对其他机构，即“专注于执政环境和商业环境的独立机构”进行的调查加以整理并确定标准，来为每一个受到评估的国家和地区打分、排名的。要对某个国家或地区进行评估，透明国际至少要获得三项与其相关的调查结果，这就解释了为何腐败印象指数从来不曾纳入世界上所有的国家和地区；2012年，它为现有的约200个国家和地区中的176个打了分。

2012年前，腐败印象指数的评级为0分（高度腐败）至10分（非常清廉），分数精确到小数点后一位（最早的腐败印象指数精确到小数点后两位）。2012年进行了调整，现在腐败印象指数评级为0分（高度腐败）至100分（非常清廉）。由于页面限制，2012年的全表无法在此呈现，表1给出了排名分别为前20和后20的国家和地区。

2012年对评级体系进行的修改，是为了反映腐败印象指数发生的其他更为显著的变化。该指数的一个问题是，由于数据来源每年都有变化，对结果进行历时比较严格来说并不恰当，透明国际自身也早就承认这一点。虽然没有替代数据，许多分析人士还是进行了这样的比较；其中比较诚实的人强调了此种做法不太可靠，并将数据与其他资料来源进行比较，以求减轻问题的影响。

由于腐败印象指数评估的国家和地区数量每年都有变化，历年**排名**比较就尤其具有误导性。某国今年排名第40位，五年后排名第80位，粗心的人若假定那里的腐败情形大大恶化是情有可原的；但如果第一年评估的国家总数是80个，而五年后是160个，该国的情形事实上可能无甚变化，仍然在全体中处于中间位置。因此，在多数情况下进行历时比较时，引用某国的分数当然不像引用其排名那样容易产生误导。透明国际曾经宣布，新的腐败印象指数的得出方式意味着从2012年起，不同年份间的直接比较不存在问题了；不过，在分析的国家和地区数量稳定之前，关于分数和排名需要注意的问题仍然存在。

表1　2012年腐败印象指数（部分结果）

国家或地区	排　名	分　数	国家或地区	排　名	分　数
丹 麦	1=	90	荷 兰	9=	84
芬 兰	1=	90	冰 岛	11	82
新西兰	1=	90	卢森堡	12	80
瑞 典	4	88	德 国	13	79
新加坡	5	87	中国香港地区	14	77
瑞 士	6	86	巴巴多斯	15	76
澳大利亚	7=	85	比利时	16	75
挪 威	7=	85	日 本	17=	74
加拿大	9=	84	英 国	17=	74

续 表

国家或地区	排 名	分 数	国家或地区	排 名	分 数
美 国	19	73	乍 得	165=	19
智 利	20	72	海 地	165=	19
安哥拉	157=	22	委内瑞拉	165=	19
柬埔寨	157=	22	伊拉克	169	18
塔吉克斯坦	157=	22	土库曼斯坦	170=	17
刚果(金)	160=	21	乌兹别克斯坦	170=	17
老 挝	160=	21	缅 甸	172	15
利比亚	160=	21	苏 丹	173	13
赤道几内亚	163=	20	阿富汗	174=	8
津巴布韦	163=	20	朝 鲜	174=	8
布隆迪	165=	19	索马里	174=	8

腐败印象指数还出于其他许多原因受到批评，比如它所采纳的印象主要来自商界人士和专家，而不是一般公众。许多比较性的印象调查都是如此，比如世界银行的商业环境与企业绩效调查（BEEPS）和世界经济论坛的全球竞争力报告（GCR）。也有许多调查针对的是一般公众对腐败的印象，但大多数只关注一个国家，并且有自己特定的一套问题。如果主要兴趣在于对多个国家进行比较，这类针对单个国家的调查就没有多大价值。

经验调查法

有些人坚持认为，印象调查并不能反映“真实”情形。这种指责有两个问题。首先，他们暗示有人，也许就是批评者本人，知道真实情形如何。这是胡言乱语；由于定义上的分歧以及腐败现象天然的隐蔽性，在任何社会都**没有人**能够知道腐败的实际程度。其次，无论如何，印象也是现实的一种表现形式。如果打算在某个国家投资的人由于较坏的腐败印象而放弃投资，这种印象就对行为产生了影响，因而也是一种现实；正如唯心主义和唯物主义哲学家数个世纪以来的争论所表明的，我们生活的世界既是实体的也是表象的，不存在单一的现实。

然而，努力以尽可能多的方式来衡量腐败程度是有意义的。批评印象调查的人往往提倡采用经验调查。在此类调查中，受访者不会被问及对腐败的印象，而是回答实际的腐败经验。常见的问题是：“过去12个月中你或你的家人有没有行贿过？”这类调查于1990年代首次提出时，许多专家充满怀疑，认为人们决不会承认行贿。现在我们有充分的证据表明，只要受访者相信调查者对隐私和匿名所作的保证，许多人是会坦陈行贿的。

部分出于对腐败印象指数所受批评的回应，透明国际于2003年引入了一种新式调查，将印象、态度和经验方面的问题融合在一起。这就是全球腐败晴雨表（GCB），自推出以来每一至两年调查一次。在透明国际的网站上，它被称为对“人们的观点和经验”的调查。与腐败印象指数不同，全球腐败晴雨表是由透明国际自身（利用调查公司在目标国家）完成的，与腐败印象指数相比，其独特的优势在于使用了一套标准化的调查问卷。所调查的问题也比腐败印象指数的问题更为前后一致，进行历时比较没有那么多困难。全球腐败晴雨表覆盖的范围没有腐败印象指数那么广，2003年调查的国家和地区总共才46个，其中部分国家和地区的调查结果相当不完整；后来进行了扩展，2010/2011年的调查覆盖了100个国家和地区——这个数字相当可观，但仍比腐败印象指数覆盖的少得多。同样由于页面篇幅的原因，此处只能摘录其中的一部分。表2给出的证据表明，许多国民在被问及时，是**愿意**说出行贿经历的。汇编此表时，我决定只纳入位于腐败印象指数排名前20和后20，且在2010/2011年全球腐败晴雨表中得到评估的国家和地区，这样更方便对两套结果进行直接比较。

表2　全球腐败晴雨表的部分经验调查结果*
（百分比，依2010—2011年得分排序）

国家或地区	2004	2005	2006	2007	2009	2010/2011
丹 麦	2	1	2	2	1	0
挪 威	3	4	2	–**	2	1
英 国	1	1	2	2	3	1
澳大利亚	–	–	–	–	–	2
芬 兰	3	3	1	2	2	2
瑞 士	2	1	1	1	1	2

续　表

国家或地区	2004	2005	2006	2007	2009	2010/2011
德　国	1	2	2	–	–	2
荷　兰	2	0	2	2	1	2
冰　岛	3	1	2	1	2	3
新西兰	–	–	–	–	–	4
加拿大	1	1	3	1	2	4
中国香港地区	1	0	6	3	7	5
美　国	0	1	2	2	2	5
日　本	1	0	3	1	1	9
新加坡	1	4	1	–	6	9
卢森堡	2	6	6	6	4	16
委内瑞拉	9	6	21	12	28	20
苏　丹	–	–	–	–	–	21
伊拉克	–	–	–	–	44	56
阿富汗	–	–	–	–	–	62
刚果（金）	–	–	–	–	–	62
布隆迪	–	–	–	–	–	74
柬埔寨	–	–	–	72	47	84

*对“过去12个月中你或你的家人有没有行贿过？”的回答

**横线表示该国在这一年没有被评估

在腐败印象指数和全球腐败晴雨表中，部分国家和地区排名悬殊。在2010—2011年度的结果中有一两个出乎意料之处：卢森堡和新加坡的贿赂率似乎比预期更高，而委内瑞拉和苏丹的贿赂率显然比它们2012年在腐败印象指数中的得分显示的要低很多。不过，两种调查方法得出的总体图景是一样的：相比贫穷的专制政体或动荡国家和地区的民众，富裕和民主国家与地区的民众行贿的可能性要小得多。

结束对全球腐败晴雨表的介绍之前，有三点有必要说明一下。首先，与目前为止呈现的所有数据一样，我们在分析时经常用到“似乎”一词。很有可能，某些国家的国民比其他国家的更害怕承认曾经行贿，这会使我们对各国之间腐败情形的解释有所失真；大多数社会调查数据，不仅是那些与腐败相关的，都应该谨慎对待。

其次，全球腐败晴雨表给出的经验问题有可能让我们对小型腐败了解很多，对于考察大型腐败则没什么用处，因为多数国民很少甚至从未接触过高层官员，比如政治人物。这是多数经验调查的一个重大局限，毕竟精英腐败的破坏性通常远远大于小型腐败。

最后，自2003年全球腐败晴雨表首次发布以来，其与腐败印象指数调查结果的相关性已有过多次分析；令人欣慰的是，两者高度相关。

在全球腐败晴雨表以外，还有许多以一般公众的腐败经验为考察对象的调查，其中国际犯罪受害者调查（ICVS）大概是最为人所知，也是最有公信力的。遗憾的是，此项调查并非定期举行，历次调查覆盖的国家数量也有很大变化。值得强调的是，对腐败印象指数和国际犯罪受害者调查之间的相关性也有过研究，结果是两者密切相关；这让人感到振奋，数据应用者对各种印象调查的可靠性由此信心大增。对商业领域的腐败经验感兴趣的读者，应该同时查看前面提到的商业环境与企业绩效调查以及国际犯罪商业调查（ICBS），虽然遗憾的是后者只进行过一次（时间是2000年；1990年代有过类似调查，但规模更小）。

本书写作时，另一项有用的“一次性”调查的结果是2014年欧洲民意调查中心腐败问题特别报告。现在，此项调查应该是定期进行的了。这是第一次，欧洲民意调查中心在调查中向欧盟成员国询问国民的实际贿赂经验；约12%的人声称自己直接认识受贿的人（在英国是0%!），但只有4%的人遭到索贿或被期待行贿。这种总体上的平均比例可能会有误导性，因为某些国家的数字远高于其他国家。25%的罗马尼亚人和29%的立陶宛人曾遭到索贿或被期待行贿，但在光谱的另一端，在斯堪的纳维亚国家以及芬兰、德国、卢森堡、葡萄牙和英国，该比例极低（不到1%）——这与采用其他调查方法获得的结果大体一致。

跟踪调查法

1990年代，世界银行提出了一种衡量腐败的富有想象力的方法，即跟踪调查。此方法主要分为两种：公共支出跟踪调查（PETS）和定量服务提供情况调查（QSDS）。对于一本入门书来说，这两种方法有些太专业了，但其基本方法和原理很容易解释。

1990年代期间，世界银行开始日益担忧，该行分配给发展中国家的资金在许多情况下无法到达目标人群手中。比如，该行用于帮助乌干达小学生接受教育的资金，大部分从来没有交给这些学生。世界银行于是采用了一种方法，在各个行政层面跟踪其资金，一直跟踪至各所小学，并从1996年开始与乌干达政府合作推进。结果，成效相当显著：1991年至1995年期间，实际到达小学生手中的数额为平均每人13美分，到2001年上升到80美分以上。这是公共支出跟踪调查的一个例子。

定量服务提供情况调查的一个典型例子来自孟加拉国。世界银行曾怀疑，该行拨到那里用于提供医疗服务的资金，多数遭到虚掷或者使用不当。于是世界银行设计了一种跟踪体系，主要是在2002年这一年中多次突然造访医疗场所，以查清哪些医疗人员缺勤。调查显示，从世界银行拨款中领取部分薪酬的约35%的各类医疗工作人员，包括40%以上的医生，在本该在岗的时候并不在岗；项目的主要研究人员因此称之为“幽灵医生”。部分医疗人员的缺勤是有正当理由的，但查明的情况是，其他许多医生都有兼职：他们在本该为从公共资金中领取的薪酬工作时，却在干私活。同样的情况是，这项调查的实施本身就使局面得到了改善。

跟踪调查的一个显著优势是，它不仅能通过提供“事前和事后”的统计来衡量腐败，还能同时降低腐败，而这正是衡量腐败最终的也是最为重要的诉求。遗憾的是，与所有衡量腐败的技术一样，跟踪调查也有缺陷。比如，它只能衡量特定场合中的腐败程度，或者是行业（教育、医疗等）的或者是地区的，而不适于精确判定一个国家的总体腐败规模。它的成本，包括时间和金钱成本，同样很高：事实上，就其涵盖的范围来说，跟踪调查是本书分析的调查方法中最为昂贵的。最后，它要想顺利进行，目标国家的当局必须有意愿配合调查人员。乌干达政府对世界银行的方法和目标非常支持，坦桑尼亚当局对各种机构自1999年至2004年进行的多项公共支出跟踪调查则远没有那么配合，或许是因为这种调查在他们看来属于外来干涉，因而无意参与；结果，在那里进行的公共支出跟踪调查效果就不理想。

其他方法

除以上分析的四种主要方法，研究人员还可以借助多种其他方法来判定特定背景下的腐败程度。其中之一是组织**焦点小组**。这些小组通常由8至12人组成，成员一般来自公众而不是专家，组织者鼓励他们对某个主题进行45分钟至2个小时的讨论。研究人员只充当主持人和推动者，而不参与其中。大多数研究项目都会设置许多这样的小组，讨论内容通常会进行录音（有时只做笔记）。焦点小组聚集后，研究人员分析讨论内容，确定主导的印象和态度；计算机软件，比如N-Vivo[①]，在此过程中能起到协助作用。

① 一种定性分析软件，能够有效分析多种类型的数据，诸如文字、图片、录音等。

焦点小组研究的一个优势是，相对于进行大规模调查，它组织起来成本更低、更易操作。在公众调查中，如果正确取样，且受访者的人数不少于1 000人，其结果就具有统计学意义；与此不同，焦点小组研究的结果，不能看作反映了一般公众的观点，毕竟样本太少。此外，由于小组成员能在讨论之后向当局彼此检举，这种方法不宜用来衡量腐败经验。

大多数焦点小组是以小组成员面对面的形式组织的，近来也有组织在线焦点小组的趋势；不过，多数分析人士认为这种方式不如传统方法令人满意。但有一种方法**的确**主要是在线上经由电子邮件完成的，即**德尔菲方法**。采用这种方法时，研究人员联系的是专家而不是公众成员，人数通常在8至50人。研究人员邀请他们回答许多问题，之后对回答内容分级排序。接下来，研究人员整理出最终报告，发送给每一个受访者，这是他们参与项目的激励因素。

德尔菲调查法有许多优势：成本不高；调查对象比一般公众更熟悉特定主题；参与调查者不必同时聚集一处；参与调查者可以同时提供关于腐败的详细信息，以及在具体环境中如何最好地减少腐败的专业建议。劣势也有：如果专家很忙，则耗时不短；取得一定程度的共识可能相当困难；调查结果不具有统计学意义。

第三种方法是进行访谈。比如，研究警察腐败可能要采访一系列相应机构中为数不多的对象：对于小型研究项目而言，要想结果有意义，可能要采访六名警察、六名调查记者、六名法官、六名反腐败非政府组织成员；在设立了腐败调查委员会并且这些委员会发布过研究结果的国家，还要采访委员会（比如美国的纳普委员会和莫伦委员会，澳大利亚的伍德委员会和菲茨杰拉德委员会）的六名成员。这些群体之间甚至群体内部的相似和不同之处，由此就可以得到分析和解读。

对于多数项目来说，最好的方法是采用半结构式访谈。此类访谈包含一系列向受访者询问的标准问题（这样研究人员就能直接比较群体之间和群体内部的回答），同时还在这些问题之后为自由讨论留下空间；毕竟，受访者往往会提出一些与主题相关而研究人员之前不曾留意到的问题，而且如果进行的是封闭式访谈（即严格遵循事先准备的调查问卷），则通常意味着研究人员会错过宝贵的“内幕”信息和“内行”视角。

第四种方法近年来作为一种研究工具已有很大变化，这就是内容分析。过去，在有限的时间内可能要对十年周期中的一种或多种报纸进行分析；要运用这种方法，就要求精心遴选文章，可能是特定时期内的，并且要求严格遵循固定的程式。随着网络资源和搜索引擎的出现，该方法现在成本已相对低廉，某个或某些国家的媒体如何报道腐败，包括报道频率、所报道腐败的类型和程度等，都能够快速、轻易地看出。调查委员会给出的腐败报告是能够加以系统分析的另一类文件，往往也是宝贵的信息来源；主要问题则在于，这种报告相当罕见。

要想检验这一点，就得进行另一类型的研究，但可以合理推测的是，公众的腐败印象受到媒体报道的数量和类型的影响。对媒体进行的内容分析无法衡量腐败本身，在当局并不系统发布官方统计的那些国家，报纸的报道有时只能让人窥见统计数据之一斑，比如刊出内政部长的一篇演讲。但是，这一方法能让人对国民或商界人士如何以及为何持有目前的腐败印象做出明智的假设。

第五，研究人员可以使用案例统计分析。这种方法需要对大量实际的腐败案例进行详细分析（通常基于媒体报道、诉讼程序以及访谈），之后对结果进行汇总和比较来确定腐败模式。此方法一般更适用于研究特定领域或地区，而不是推断全体国民的腐败，它能在很大程度上揭示特定群体内不同类型腐败的显著特点。

一种较新的方法是试验。越来越多的社会科学家正从其他方法转向试验法来检验自己的设想。原因之一是，许多人相信这种方法相比其他技术能提供更令人信服的因果解释：A是否真的**导致**B，或者它们是否以某种方式关联着，只不过我们无法圆满解释？比如，我们可能想知道，“甲国海关官员比他们的乙国同行腐败得多”这种印象有没有事实依据。要验证这一点，可以往这两个国家走私一些小额物品（这样一旦被查也只会受到小额罚款），比如免税香烟，携带双倍于规定允许的数量，计算一下两国海关官员为获得小额贿赂而网开一面的频次。

试验法很吸引人，但用在腐败这样的敏感领域可能是成问题的。比如，为了测试交警的腐败倾向，我们想弄清能多么频繁地以行贿来逃避超速罚款，这可能会引起复杂的道德问题。如果我们真的超速，在统计学意义上就会增加一种可能性，即试验会把无辜公众置于危险之中。而且，公民权利的辩护者会质疑，把交警置于这种近于“钓鱼”的情境中是否说得过去。对于前一个问题，很难想出妥当的解决方法，后一个问题却可以通过确保试验只针对诱捕行动（即只用来确定早已有腐败嫌疑的警察），而非“钓鱼”（即让一个通常不会破坏规则的人直面诱惑而不能自已）来解决；读者们在这里可以回想一下食草型腐败和食肉型腐败的区别。换句话说，研究人员不会**主动**行贿来诱惑平日里正直的警察，他们只是坐等索贿。

上面描述的海关官员和警察两个场景，都涉及现实情境中的试验，因而被称为现场试验。还有一种研究在实验室中进行，在受控的环境中营造场景。与现场试验一样，对腐败程度和倾向进行的此种形式的研究也是近年来才有的，始于2000年代初期。不过这一领域的探索性研究早已带来许多启示，比如发达国家的女性通常比男性更不易腐败，在发展中国家情况则没有这么明显。

诸位可以想象，在不同类型的试验中，既包括现场试验也包括实验室试验，会出现许多道德问题和实际问题。同样应该显而易见的是，实验室试验（比如确定某些国家的国民是否比他国国民对腐败更为宽容）的结果必须谨慎对待。我们不仅需要在解释结果时“跳出窠臼”来思考，在参加试验的人数量不多的情况下，还要对试验结果的普遍性持怀疑态度。由此就出现了一个重要问题，即实验室里的受控环境和日常实际行为之间的关系；有些参与试验的人在现实情境中的行为可能会截然不同。这些只是许多原因中的一部分，它们解释了为何这种原则上很有吸引力的方法，也有自己的问题。不过，与腐败相关的试验已经取得成功，给我们带来了新的视角、提出了新的问题，说明这一方法已经开启了激动人心的新的可能性；我们所要做的只是继续在技术上进行完善。

最后一种差别很大的方法是**代替**法。该方法受到一些机构，比如全球诚信组织的青睐，它声称既然我们无法圆满地衡量腐败本身的规模，更好的选择就是去探究为遏制腐败我们正在做些什么。在一年一度的（直到近年的）《全球诚信组织报告》中，全球诚信组织考察了各个国家的不同机构（政府当局、非政府组织、媒体等）所采取的措施，以及这些措施的推进和落实，并给各国打出了总体分数。这是一种有趣的替代方法，虽然也存在过于倚重官方表面声明的危险。不过，了解政治精英们表面上对腐败问题有多么重视、他们为提高诚信水平在付出什么样的努力以及没有付出哪些努力，还是有好处的。此外，相比于其他数据来源，全球诚信组织更倚重当地专家的评估意见。2014年初，全球诚信组织着手对其所用的方法加以修正，因此最近的完整报告是针对2011年完成的，分析的国家有30多个。

现在，本章标题所提的问题应该有明确答案了：我们**能够**衡量腐败，只是不那么精确。本章概述了多种衡量腐败的方法，每一种都有可取之处，同时又都不够完美。有些方法衡量的是态度，另一些衡量的是经验。有些方法想获取的是“全景”，即一国的总体腐败程度，另一些针对的是具体的机构、领域或地区。有些方法需要向一般公众发放问卷，另一些则将调查重点放在商界——这就是为何用不同方法从同一个国家得出的结果，有时看起来会截然不同的原因之一。在衡量社会腐败方面，这些方法基本上都派不上用场。因此，当我们说想要衡量腐败时，应该清楚地意识到试图弄清的**确切**内容是什么。当然，在几乎所有的研究项目中，使用的方法越多越好，即采用所谓的“混合方法”或多角度方法（从尽可能多的角度切入衡量问题）。遗憾的是，由于涵盖的国家不同、对问题的表述不同等，这一做法现在无谓地增加了难度。

不过很明显的是，富裕和稳定的民主国家一般看起来腐败最少，而贫穷的独裁国家和那些面临困境的国家腐败最甚。这一一般现象即使会有例外，也可能只是验证了规则。北欧国家几乎总是表现为腐败程度极低，无论采用何种调查方法。

综合来看，有必要强调三个重要的方面。首先，无可取代的是，对调查方法的选择要明智，要仔细权衡，对结果的解释要敏锐。复杂的计算机统计技术能为我们衡量腐败助一臂之力，但并不能代替清楚明了、合乎情理的概念化过程。

其次，这里提到的几乎所有方法都是新近应用于腐败研究中的。到1980年代，少量商业分析中纳入了对特定国家腐败程度的评估，比如国家风险国际指南，但它们既没有得到普遍采用，也不像1990年代和2000年代出现的调查那样明确地专注于腐败问题。腐败印象指数首次发布于1995年，全球腐败晴雨表首次发布于2003年，跟踪调查首次实施于1996年，而试验研究的结果首次发布于2000年。最新式的内容分析法，只是因为网络资源的出现才得以实现。因此，我们无法断定近年来真的出现了“腐败井喷”；**能够**断定的是，对腐败问题的意识大大增强了。

最后，那些对衡量腐败的努力持批评态度的人，往往指责我们的技术不仅不够完善，还有可能适得其反。本来有意向捐助的人，可能会选择不为某个国家提供援助，因为各种调查方法已经显示，该国精英会从捐助中盘剥太多。令人欣慰的是，世界上打击腐败的两大机构，即透明国际和世界银行，现在已经清楚认识到，削减对高度腐败的国家的援助，对亟需援助者的伤害很可能远远大于对腐败精英的伤害。两大机构一直在以切实又敏锐的方式解决这一问题，跟踪调查只是许多可能的解决方案之一。

对于腐败的经验研究，我们仍然处于起步阶段，存在一些初期问题是意料之中的。尤其是，在衡量大型腐败方面我们仍然能力不足。但是，技术在不断完善，2012年腐败印象指数备受欢迎的改变就是一个例子。说到底，不完美但是持续改进的衡量总好过完全不加衡量，后者正合腐败分子的心意。

第四章

心理–社会解释和文化解释

对腐败的任何严肃解释都必须着眼于整体。人的腐败有多种原因，即使可以找出主要动机，它也因人而异或有群体之别。假定存在某种根本的一般性解释，比如生性贪婪或逮到机会，这样的想法很天真。不过，我们还是有必要找出各种综合起来能解释腐败的影响因素，否则，试图遏制腐败就是徒劳的。本章关注的重点是个人及其与社会的关系，以及文化与腐败可能会有的关联。这里把各种因素彼此分开，纯粹是为了叙述方便；在现实世界中，它们互动、重叠，以复杂的方式彼此结合在一起。

这种互动观解释了本章和下一章对理论分析框架的选择。此种方法以安东尼·吉登斯的结构化理论为基础，该理论认为，我们既无法从个人的选择自由和行动自由（能动作用）的角度，也无法从人类身处的世界所决定的一切（结构）的角度，来充分解释人类行为。相反，人们所做的选择和决定，部分是基于自由意志，部分则受限于生活环境。这种相互作用的观念为本书的分析提供了支持，虽然通常不那么明显。

心理-社会因素

在分析心理-社会解释之前，我们需要理解这个词的含义。前半部分指向个人：心理学，即对心灵的研究，关注的是个人如何以及为何以现有的方式思考和行动。相反，社会学关注的是社会的组织方式和运行方式。心理-社会的方法把两者结合了起来：考察个人，也考察他们与社会环境的互动。

心理学关注的是个人，不过玄学派诗人约翰·邓恩的著名格言，即“没有人是一座孤岛”，在考察哪些可被视为纯粹个人因素时还是非常适用的。如此一来，假如我们在考察之初把“贪婪”确定为一个解释因素，显而易见的是，即使这一点也无法完全脱离社会环境。想要“更多”这一欲望与特定社会的标准相关；在富裕社会中，冰箱或电脑等许多物品被视为必需品，而在贫困社会中，它们会被视为奢侈品。

第二个因素也与个人在社会中所处的地位相关，即受人尊重和认可的需要。在《历史的终结及最后之人》一书中，弗朗西斯·福山提到了我们对thymos（从黑格尔那里借用的一个概念）的基本需求，这个古希腊词语指的是人想要获得认可的欲望。类似地，歌手菲尔·科林斯在歌曲《故事的两面》中唱到了街头的少年，少年之所以持枪，是因为手中无枪便难有尊重。如果腐败（比如受贿）意味着支出能力及与之相伴的社会威望得到提升，或者给予个人一种控制他人的感觉（比如通过提携反哺），那就可以部分地从thymos的角度得到解释。

与前述观点相关的是，某些个人之所以变得腐败，是出于自己的野心。如果向上流动的通道显得封闭，腐败（比如通过行贿进入大学，一旦当事人日后飞黄腾达，这种做法就变成了对障碍的“巧妙”应对）就能帮助野心勃勃的个人绕过路障。

在解释为何有些人会卷入有组织犯罪时，詹姆斯·芬克劳和埃林·韦林发明了“吸盘心态”一词，大意是指如果一个人被主流价值体系作为局外人看待，他或她再遵循该价值体系生活就是愚蠢的。对于腐败也可以提出类似观点。一个受到多数群体歧视的少数种族成员，如果想获得权威地位又不想从中获取私利，就会被视为失败者或“吸盘”。此种情形的一个变化形式是，有些人为了驱赶生活中的百无聊赖和千篇一律（忍受这种状态是另一个层面的“吸盘心态”）而变得腐败，以体验破坏规则的刺激。

还有一种犯罪行为理论有助于更好地理解腐败，即机会理论。顾名思义，这种观点认为，人往往会利用送上门来的机会，比如“在合适的时间处在合适的位置”。该理论可以和理性选择理论联系起来，就当前的讨论来说，理性选择理论从成本-收益分析的角度最容易理解。如果暴露的可能性极小，或者即使被发现并定罪也很可能只有一点小小的惩罚，腐败有望带来的丰厚回报就会使（无道德感的）利益最大化的个人涉身其中。

目前为止详述的所有因素，都以某种方式对个人形成正向激励。还没有说到的是反向激励。其中之一就是缺乏安全感。缺乏安全感有时纯粹是心理上的，是个人性格造成的，可能与童年时期经历的不安处境有关。但还有一种安全感的缺乏，与个人当前的社会处境有关。如果失业率正在上升，或者政府刚刚宣布要大幅减少公务员数量，有些官员就会想要利用现有的职务之便；不是因为野心或自大，而是想在还有能力时捞上一笔。这一现象可称为“松鼠的坚果”综合征[①]。

我们从上面这一点很自然地就过渡到了下面一点，即需求问题。在许多国力衰弱的国家，比如那些在革命之后正经历转型或处于冲突结束后阶段的国家，官员拿不满薪酬或薪酬发放不及时，更极端的甚至完全拿不到。在这些情形下，从事腐败行为至少在一开始是一种维持生存的应对方式。

第三个反向激励因素是来自他人，即同僚、上级或配偶的压力。就同僚的压力来说，对警察腐败的研究显示，那些加入腐败小团体的警察往往是以各种方式被迫加入集体腐败活动的；如果拒绝，就会受到排挤或遭到报复（包括暴力报复）的威胁。如果不揭发同僚的腐败，他们就成了同谋，这样自己也就腐败了。不管怎么说，这种形式的腐败最终是出于恐惧，而不是出于获得更多权力或物质财富的欲望。

恐惧因素也解释了为何某些警察对于自己明明知道的有组织犯罪行为不予告发。犯罪团伙有时会发出威胁，警察如果告发其活动，就会伤害他们的孩子或配偶。在此情形下，警察仍然是腐败的，他们出于私人原因而渎职了（即置家庭于国家和社会责任之先）。不过在这类情形下，警察的不作为如果被发现并受

---

① 松鼠为了过冬，喜欢在窝里囤积大量坚果。

到指控，法官或上级的处置会比较温和，毕竟这属于白色或灰色腐败。

另一类不端行为也与恐惧有关，但通常被视为灰色或黑色腐败。在此情形下，某个身居要职的人由于受到胁迫而滥用职权，一般是落入了圈套。

另一种犯罪行为理论即标签理论，能够帮助我们更好地理解腐败原因。该理论的最初版本与霍华德·贝克尔有很大关系；后来的一个理论，即约翰·布雷思韦特的“羞辱”观，与之密切相关。标签理论的基本观点是，一旦国家或社会给人贴上罪犯的标签（或加以羞辱），他们很可能就会一直是罪犯，除非采取措施加以纠正。其中的主张是，对于初犯，至少是不那么严重的不端行为，最好不要作为罪犯对待，否则后面犯罪率就会上升；接纳比排斥更好。这个主张可以略作修改应用于腐败情形。比如，如果媒体一直渲染海关官员的腐败，言过其实，其中某些之前廉洁自律的人可能就会开始腐败，理由是“既然无论如何都不相信我们，就让他们见鬼去吧！”不被信任的感觉会强有力地推动人破坏规则。

目前为止，我们关注的都是能够解释个人为何腐败的因素。我们从主流犯罪理论中借用的最后一个理论，探讨的问题却是为何更多的人并**不**加入反社会活动。毕竟，如果理性选择理论是正确的，那么在抑制因素明显超过激励因素之前，无疑应该会有**更多**的腐败。

在1969年的一本书中，特拉维斯·赫希提出了“控制理论”，在这一最早的提法中，他认为个人与群体之间关联的强度是解释行为的重要因素。若假定群体基本上是守法的（从广义上说），个人和群体之间的密切联系就能成为对个体的控制因素。相反，脆弱的联系则意味着个人更有可能追逐自身利益，而不考虑由此会给他人带来什么影响。在后来的一项分析中，赫希与米凯尔·戈特弗里德松联合提出了一种理论，并大胆地称之为一般犯罪理论。该理论同样聚焦于控制，只是更关注个人的自我控制。两人主张个人的自我控制部分地来自社会化过程，因此很明显，他们的观点与本书提倡的互动性结构化观点颇为契合。同样应该能明显看出的是，控制理论有助于解释为何有更多的掌权者并不违规地利用职务之便。

在结束心理-社会解释之前，还有一个概念几乎确定无疑是相关的但本质上又无法证明，那就是内在道德。根据许多哲学和宗教的观点，所有人都有天生的是非感，社会环境决定着我们在多大程度上向善还是为恶。

文化解释

为何西北欧的国家看起来比东南欧的国家腐败程度低得多，又为何多数欧洲国家看起来比多数拉丁美洲或非洲国家腐败程度要低？在拉丁美洲，为何巴巴多斯、智利和乌拉圭看起来比该地区的其他国家腐败程度要低，又为何博茨瓦纳成为撒哈拉沙漠以南的非洲国家中的亮点，被视为腐败最少的国家？一些分析人士试图从文化差异的角度来加以解释。我们还记得，文化在本书目前的语境下指的是一个社会中主流的价值、态度和行为。它们可能与以下因素相关联：宗教和哲学传统的影响、社会中的信任度、国家是否曾被殖民、不久前是否有过独裁统治。

从宗教和哲学传统开始，在由腐败印象指数（见第三章）衡量的印象腐败程度和主流宗教之间有着明显的相互关联。在人们印象中，新教国家往往比天主教国家腐败程度更轻，后者又被视为轻于东正教国家。

对于为何新教国家一般比天主教国家腐败程度更轻之类的问题，有一些有趣而别出心裁的联想，比如着眼于历史的理论，即新教的兴起是为了反抗天主教会的腐败，这种对腐败的厌恶历经数个世纪而延续下来；再比如一个事实，即天主教徒可以在忏悔室中卸下罪孽，新教徒却不得不为自己的罪孽承担个体责任。罗纳德·英格尔哈特等人提出了另一种解释，即层级更多的体制往往更为腐败，天主教就比新教层级更多。

但是，这种相互关联可能并不存在，模式也可能很有误导性。比如，人均国内生产总值、民主化程度、信任程度和国家总体治理水平，这些因素与印象腐败程度（以及实际经历的小型腐败）之间的关联性，至少不比宗教和哲学等文化变量与其关联性更弱。无疑，人口较少的国家在腐败印象指数中占“腐败程度最轻”国家的多数，说明国家的大小与腐败文化具有某种关联。然而，在最腐败的国家中也有小国，这就使我们不得不重新审视，至少是修正这一假定。

对于宗教传统有助于解释不同的印象腐败率，或者至少与之相互关联这一假设，学者丹尼尔·特赖斯曼进行了检验。在一篇对腐败原因的出色分析中，他发现虽然新教与腐败程度低紧密相关，在其他宗教传统中却无法找出这种密切的相关性。

文献中经常提到的第二种文化价值是对家庭和国家的态度。根据这种观点，在那些对亲人和朋友的忠诚（家庭主义）重于对国家的忠诚的文化中，某些形式的腐败，尤其是社会腐败，比在不那么以家庭为核心的文化中要更为普遍。如社会研究的许多方面所显示的，如何定义并衡量家庭主义的程度，会对研究项目的结果产生影响。无疑，相比于个人主义特征强烈的文化，大家庭特征明显的国家一般的确显示出更高的腐败率，因此这一因素可以部分地解释西北欧和东南欧（以及之前指出的新教和天主教）之间的差别。不过在此必须多加小心，因为大多数衡量技术关注的都是经济腐败而不是社会腐败。高度的经济腐败和高度的社会腐败之间可能有相关性，但这一点必须经由经验调查来确定。

对家庭、国家和当局的主流态度与国家的合法性有关。若公众基本上都相信国家，并赋予政权高度的合法性，很可能腐败就较少。不过，应该很容易看出的是，这是一个鸡生蛋和蛋生鸡的问题；如果大多数官员有正直的名声，国民就会更加信任当局。

不过，埃里克·乌斯拉纳表明，与印象腐败程度相关联的不仅是对当局的信任程度；我们对他人，尤其是陌生人的信任度，也是一个因素。基本上，社会信任度越低，腐败程度越高。

我们的第五个变量关注的是过去的历史对当前态度和行为的影响。有人主张，前殖民地更容易腐败。这个观点包含多层意思。利·加德纳主张，殖民地政府通常无力亲自收税，要依靠地方税务员，而后者往往从当地的部分人手中受贿，并不会照章征税；待到殖民力量撤走，这种做法已经根深蒂固，在后殖民时代延续下来。关于殖民主义的影响，另一个观点是，既然国家当局长期以来在当地人看来是从外部强加的，没有合法性，国民和部分地方官员在欺骗国家时就没有良心上的不安；同样地，这种态度一般也会延伸到后殖民时代的背景中。

殖民主义的影响或许有助于解释腐败程度，但其说服力是有限的。最最起码，这个观点是需要改进的。例如，有证据表明，前英国殖民地总体上比前法国或前葡萄牙殖民地腐败更少（仅仅是总体上，明显的例外包括尼日利亚和巴基斯坦），这可能意味着殖民时期国家政府的合法程度有别。另一个观点是，比如苏联时期的俄罗斯，本身就留下高度腐败的印象；因此在一个所谓的殖民地中，比如在爱沙尼亚，许多人会回避腐败，以免让自己“堕落”到与殖民者为伍的地步。

许多帝国主义国家留给前殖民地的一个遗产是法律体系。按简单的二分法，这些法律体系一般分为普通法法系和民法法系。前者基于法律先例，常见于英语国家，而后者基于成文法，在欧洲大陆占据主流。有人指出，普通法法系国家比民法法系国家一般腐败更少。原因在于，前者的司法制度更独立于政治精英，使这些精英更不易卷入社会腐败，比如提携反哺。同时也因为，民法法系中司法制度不那么透明。其部分原因在于，本来可以对容易腐败的法官形成遏制的一般公众，由于陪审制的缺乏，在该法系中的作用被削弱了。

另一方面，正因为通常更独立于政治精英，普通法法系中的法官可能会发现，从私人企业中受贿更容易逃避处罚。耶鲁大学的苏姗·罗斯–阿克曼因此明智地认为，两种法系都有可能促成腐败；这一点是否会明显表现在法官群体身上，与其说取决于制度安排，不如说是由法官本身的操守和态度（司法文化，见图4）决定的。通常，这相应地又与他们所在国家的一般文化，即社会上对腐败行为的主流态度有关。

此处提到的司法文化又导向一个更宽泛的问题：社会上对法律的主流态度，即是否存在法治文化。目前为止有充分的证据表

图4　司法腐败由来已久

明，健全的法治文化与低腐败程度密切相关。相反，当局的高度专制则与高度腐败难分难解。

相比于民主国家，国家的蛮横行为在威权国家身上远为常见。正如身为殖民地的历史可能会影响特定社会中对腐败的态度，也影响其中腐败的规模，威权制度或极权制度的历史也会打下烙印，影响当代的价值观念。比如，部分由于商品短缺，人们被鼓励从事各种勾兑行为。行贿可以确保获得紧缺物品。另一种普遍做法是“布拉特”，在第一章我们简短考察过。按照阿廖娜·列杰涅娃对此的经典分析，“布拉特”就是：

> 利用私人关系网和非正式接触来获得短缺的物品和服务，并绕过正式程序。这个词实际上无法直接译成英文。

苏联和其他类似社会中的公民之所以想出复杂方式来避开制度，另一个原因在于制度过于封闭。列宁认为苏联共产党员是由政治上最有觉悟的人（社会“先锋”）构成的，由此看来，理论上他们在发展党员时是极为严格的。然而，要在体制内求取进阶，入党几乎总是必要的。对于未来仕途上的贵人，许多人欣然拉拢关系，不嫌亲昵。

许多当代国家曾经或者现在仍是威权制，也存在一些容易滋生腐败文化的特征。其中多数曾是殖民地，而殖民遗产的影响我们已经考察过。除此之外，在威权制下精英通常捞取国家财富并藏匿至难以查清的海外银行账户，同时剥夺国民调查和公开批评的权利，从而败坏风气——这一事实本身就降低了大众对制度的信任，从而降低了制度的合法性。如此一来，国民和官员对破坏体制规则都不那么愧疚，在机会来临时都会利用体制。

对于腐败的经验研究，近年来有一个更具想象力的例子，支持如下观点：某些国家的官员比他们其他地方的同行们要腐败得多。雷蒙德·菲斯曼和爱德华·米格尔研究了1997年至2005年间纽约市外交官的非法停车行为，总结称“在非法停车和外交官的母国对腐败的当前态度之间有密切关联。即使身处数千英里之外，外交官们的行为方式也极易让人想起他们祖国的官员们”。这当然属于对腐败的文化解释。

腐败的社会建构

在特定环境（国家或地区）中对腐败文化的任何综合分析，都需要考察腐败问题是如何形成或建构的。分析人士如安德拉斯·绍约断言，许多转型国家（言下之意即发展中国家）中的腐败“问题”被虚伪的西方国家出于既得利益考虑而夸大了。不可否认的是，发达国家的确存在许多腐败，但绍约说转型国家的公民不像西方批评者声称的那么关心腐败，可能言过其实；调查结果显示，他夸大了公众对腐败的淡漠程度。

不过，腐败的社会建构还有一个方面值得一提。一些分析人士合理地强调了一个事实，即腐败官员往往比“一般”罪犯受到的处理宽大得多，并把这个事实与我们为不同的犯罪贴上的类型标签关联起来。如此一来，有组织犯罪一般就被视为“下层社会”

的常见现象，而广义上的白领犯罪，包括许多形式的腐败，则被视为“上层社会”犯罪。事实上，窃贼可能偷少数几个人的钱并给他们留下心理创伤，而腐败官员（或者经理，如果对腐败进行宽泛定义的话）可能对数百、数千，甚至在极少数情况下对数百万人造成严重的负面影响；相对于犯罪的影响来说，这种标准不一的处罚可能极为不当。在这里，认为上层社会犯罪不如下层社会犯罪那么严重的社会主流态度（文化），有助于解释为何对前者的惩罚一般比对后者的更为宽大；更轻的惩罚意味着官员破坏规则时顾虑更少。

我们已经表明，个人和文化两方面的许多特征有助于理解各国之间不同的腐败率和腐败类型。必须警惕的是，这些解释不能推得太远；比如，具有类似宗教传统的国家腐败程度可能截然不同，而许多未成年人虽然没有像成年人那样卷入犯罪活动或其他形式的严重反社会行为，却依然有过痛苦的经历。

最后要说的一点是，我们要同样警惕，不能过于坦然地接受精英甚至学者的一类主张，即外人所批评的“腐败”只不过是特定国家的文化的一部分，其他人谴责“传统做法”是不妥当的。比如，就腐败问题写过多部专著的马来西亚社会学家赛义德·侯赛因·阿拉塔斯就批评部分西方人，这些人声称腐败在发展中国家比在发达国家更受到容忍，因为它是发展中国家文化的一部分。对于阿拉塔斯来说，这种立场是傲慢的，他呼吁对腐败要一致谴责。

第五章

制度相关的解释

仅仅着眼于个人对腐败所作的解释是不完整的；所有人都从属并受制于环境，我们在此环境下生活和工作。文化已经考察过了，本章的重点是结构因素或制度相关因素；为便于分析，我们将这些因素分为经济的和政治的。

经济因素

近年来已有人指出，经济制度和政策的许多方面都与腐败程度相互关联。其中最为普遍的方面之一，关注的是国家卷入经济活动的程度。该观点由国际货币基金组织的维托·坦齐及其他一些人提出。粗略地说，该主张认为国家越是卷入经济活动，腐败就会越多。乍一听，这种观点似乎很有道理；毕竟，国家卷入经济活动越深，一般就意味着官僚机构越庞大，国家官员和商界人士之间的互动就越多，而这两个方面都容易引起腐败。更多的国家干预通常意味着官员有更多的机会“寻租”——此处意指他们能向愿意支付回报的个人或公司售卖对其有利的决策来获取额外的不当收入。

然而，约翰·耶林和斯特罗姆·撒克的研究显示，一方面，国家机器的规模以及国家在颁发商业许可方面干涉经济的程度，与要求商业企业俯首听命之间并无明确关联；另一方面，前者与腐败程度之间同样无此关联。世界经济论坛每年发布关于各经济体全球竞争力的报告（全球竞争力报告），考察的部分内容就是：要创办并运营一家企业，需要获得多少项许可以及其他形式的官方文书。这一点可以通过将2012年腐败印象指数中前10位和后10位国家的排名，与它们在2012—2013年度全球竞争力报告“政府负担指数”中的排名进行比较来表明（该指数所提的问题是：在你的国家，企业在遵守政府的行政性要求，比如许可、规章和报告方面负担有多重？排名越低，负担越轻）。

表3表明，腐败程度与政府对经济活动的干预程度并不密切相关，像塔吉克斯坦、柬埔寨之类显然高度腐败的国家，官僚程度比丹麦、挪威、加拿大还要低；但是前两者，加上乍得、吉尔吉斯斯坦和利比亚，在2012年的评估中都比澳大利亚官僚程度更低，而澳大利亚对企业合规性的要求是极高的。

然而，全球竞争力报告中比“政府负担指数”包含更多变量的综合指标，即全球竞争力指数（GCI），却显示出两者之间更密切的相关性。在表4中，新西兰的排名属异常数据，澳大利亚也是，虽然没有那么明显；印象腐败程度和经济竞争力综合水平之间的变化却比表3中的变化小得多。

要考察的另一项经济变量是**私有化**。一直以国有体制为主的经济体在进行私有化的过程中会产生许多腐败机会，因为部分商界人士在投标时会提供贿赂和回扣，以不公平地获得相对于其他人的优势。对于1990年代后东欧国家中的高度腐败，这个因素很能说明问题。但是，私有化也是对经济管理所持的新自由主义（或华盛顿共识）态度的关键特征，该观点自1970年代末以来已经在全球得到普及；即使在德国这样的国家，也有人指控存在与私有化相关的重大腐败丑闻（虽然是与1990年后东德的私有化过程相关的）。

表3　印象腐败程度与政府管制程度相比较

国　家	2012年腐败印象指数排名	2012/2013年全球竞争力报告政府管制负担排名	国　家	2012年腐败印象指数排名	2012/2013年全球竞争力报告政府管制负担排名
丹 麦	1=	69	吉尔吉斯斯坦	（135）	92
芬 兰	1=	6	也 门	（136）	119
新西兰	1=	14	柬埔寨	（137=）	42
瑞 典	4	31	塔吉克斯坦	（137=）	22
新加坡	5	1	利比亚	（139）	61
瑞 士	6	16	津巴布韦	（140）	107
澳大利亚	7=	96	布隆迪	（141=）	121
挪 威	7=	64	乍 得	（141=）	95
加拿大	9=	60	海 地	（141=）	115
荷 兰	9=	34	委内瑞拉	（141=）	143

说明：全球竞争力报告和腐败印象指数分析的国家和地区数量有别（2012年分别为144个和176个）。为便于比较两项排名，腐败印象指数包含但全球竞争力报告不包含的国家和地区没有列出，其余国家和地区则以144为总数重新排名。简言之，表3中腐败印象指数排名后10位的国家，是同时出现在全球竞争力报告中的排名最靠后的国家，这就解释了为何表3中腐败印象指数排名"后10位"的国家与表1中的后10位并不相同；表3中的括号就是为了突出这一点。

表4　印象腐败程度与经济竞争力整体水平相比较

国　家	2012年腐败印象指数排名	2012/2013全球竞争力指数排名	国　家	2012年腐败印象指数排名*	2012/2013全球竞争力指数排名
丹　麦	1=	12	吉尔吉斯斯坦	（135）	127
芬　兰	1=	3	也　门	（136）	140
新西兰	1=	23	柬埔寨	（137=）	85
瑞　典	4	4	塔吉克斯坦	（137=）	100
新加坡	5	2	利比亚	（139）	113
瑞　士	6	1	津巴布韦	（140）	132
澳大利亚	7=	20	布隆迪	（141=）	144
挪　威	7=	15	乍　得	（141=）	139
加拿大	9=	14	海　地	（141=）	142
荷　兰	9=	5	委内瑞拉	（141=）	126

* 此处使用括号的用意见表3的说明。

不过，国家将资产出售给私人企业过程中经常出现的腐败问题，也不是全然无望。毕竟，当政府确定多数或所有在它看来合适的企业都已经私有化时，私有化过程一般会有结束的一天，至少会在经济政策中变得不那么明显。另一方面，对经济管理的新自由主义态度的另一个关键特征是，政府应该把之前亲自承担的任务和服务**外包**出去。通常，外包需要向私人公司招标，由此就产生了新的腐败机会。更何况，与私有化的情形不同，外包创造的腐败机会会一直存在。例如，某座城市可能决定将公共交通系统外包，为了确保负责运营的私人公司不会懈怠，城市当局坚持每五年重新投标一次——每次重新商定合同，都为腐败创造出机会。腐败、私有化和外包之间的纠缠关系，被视为1990年代英国腐败程度上升的主要因素；戴维·霍尔主张："公共部门的承包合同和特许权利是造成英国腐败现象的罪魁祸首，政府倡导的私有化又为其火上浇油。"

新自由主义的支持者强调，他们主张的是自由市场优先于混合经济（即在国家和私人企业之间区分劳动和所有权的经济形式），这样的强调以各种方式加剧了腐败。比如，新自由主义鼓励的私有化和外包导致许多国家官员被解雇，无论他们多么忠诚、勤奋、资深。心系"裁员"（这个词现在基本上由不那么刺耳的"合理精简"取代）往往导致官员更为缺乏安全感，对供职机构的忠诚也显著降低，而这两方面都极易引起腐败增加；它们有可能引发第四章提到的"松鼠的坚果"综合征。新自由主义另一个容易鼓励腐败的方面在于关注目标而不是手段，实现宏大目标的重要性往往被置于正当程序之前。

新自由主义对市场自由最大化的关注，与全球化经济政策紧密相关，后者也试图将国家在经济中的作用降到最低并实现市场自由最大化，尤其是在国际贸易中。日本的大前研一等作家将此情形称为"无国界世界"。这种说法可能会引起误解：全球化虽然降低了国际贸易的门槛，使**资本**前所未有地在全球自由流动，却并没有明显地使人的流动更加自由。也有人员流动更为自由的例子，尤其是欧洲的申根区，在那里人们可以在国与国之间走动而无须出示护照；但在其他方面，人要跨越国界变得更难了，特别是想要在新的国家定居时。虽然在申根区**内部**人的流动更为自由，要进入这个区域却更为困难，有些分析人士由此称之为“欧洲堡垒”。此种状况鼓励了腐败，因为一贫如洗或冲突频仍的国家中那些绝望的公民会为了更好的生活向偷渡中介付费，后者反过来又贿赂海关和入境官员，让他们在“货物”过境时视而不见。

在分析腐败时有一个常被引用的公式，即罗伯特·克利特加德的等式C=M+D−A，其中C代表腐败（corruption），M代表垄断（monopoly），D代表自由裁量权（discretion），A代表问责（accountability）。据此看法，官员的自由裁量权越大，腐败就越多，除非对这些官员有严格的问责机制。经常与之相关的一个领域是税收。如果采用的是累进税制（即收入或利润越高，税率越高），部分个人和企业就会贿赂税务官员，让自己的收入或利润按照低于实际的标准来认定。印度的政策组织在1980年代中期进行的一项研究估计，75%以上的税务监察员有受贿行为，而68%左右的通过注册税务师来报税的纳税人有过行贿行为。

不幸的是，单一税制是否能够大大减少此类腐败的机会，是要打个问号的。这样的税制意味着，税务官员无法以腐败方式把收入或利润认定得比实际更低，从而让个人或公司避开较高的纳税等级，但是他们仍然可能在受贿之后把应税所得认定得比实际更低，从而协助逃税。

与腐败程度密切相关的一个经济变量是国家的财富总量，以人均国内生产总值来衡量。许多复杂的经济分析都显示了这种相关性；就我们眼下的关切来说，最重要的发现是，国家越穷则腐败程度越高，鲜有例外。要表明这一点，一个简单的方法是比较腐败印象指数中排名前12位和后12位国家的人均国内生产总值（见表5，这一次恢复了腐败印象指数的完整名单，如此一来排名后12位的国家就与表1相同了）。

表5 印象腐败程度与人均国内生产总值相比较

国　家	2012年腐败印象指数排名	2011年人均国内生产总值（美元）*	国　家	2012年腐败印象指数排名	2011年人均国内生产总值（美元）*
丹　麦	1=	59 898	布隆迪	165=	247
芬　兰	1=	48 678	乍　得	165=	1 006
新西兰	1=	36 919	海　地	165=	732
瑞　典	4	56 755	委内瑞拉	165=	10 728
新加坡	5	51 242	伊拉克	169	6 019
瑞　士	6	83 087	土库曼斯坦	170=	5 725
澳大利亚	7=	62 081	乌兹别克斯坦	170=	1 545
挪　威	7=	99 173	缅　甸	172	无数据
加拿大	9=	50 578	苏　丹	173	1 538
荷　兰	9=	49 886	阿富汗	174=	614
冰　岛	11	44 031	朝　鲜	174=	无数据
卢森堡	12	111 913	索马里	174=	无数据

* 数字来自世界银行

表5中的关联性比本章考察的其他关联性要弱，但该表清晰表明，腐败程度越高则生活水平越低（以人均国内生产总值衡量）。虽然新西兰是排名前10位（腐败最少）的国家中人均收入最低的，它的数字仍比腐败印象指数中排名后10位国家中表现最好的（委内瑞拉）要高2.5倍，而委内瑞拉又比后10位国家中富裕程度紧随其后的两个国家，即伊拉克和土库曼斯坦的数字要高得多。

在图5中，印象腐败程度（2012）和国内生产总值（2011）之间的相关性很明显；22个点中的每一个分别代表着以下国家之一：8个印象腐败程度最低和8个印象腐败程度最高的国家，以及6个腐败印象指数排名正好居中的国家（88位）。

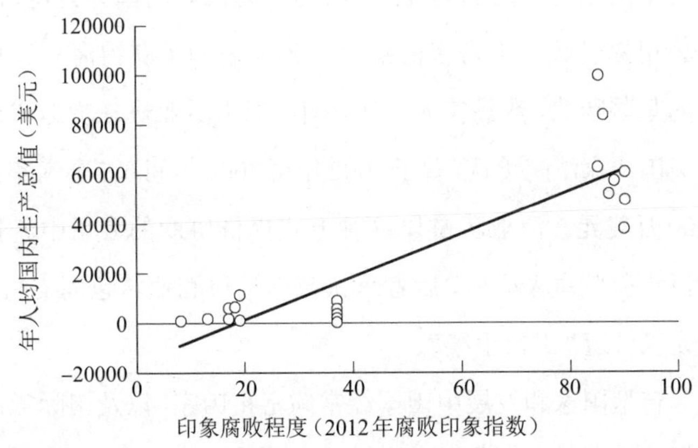

图5　印象腐败程度与人均国内生产总值对比图

如果较高的人均国内生产总值分布得相当不均衡呢？会不会影响国内生产总值和腐败之间的相关性？柳钟醒和桑吉

维·卡格拉姆于2005年发表的一篇分析很有解释力；在对129个国家进行的一项复杂研究中，他们表明收入差距越大通常意味着腐败程度越高。

现在我们来考察腐败与国际经济因素之间的关系。一般的假定是，在对外贸易中采取保护主义措施的国家（给国内供应商比国外供应商更多的优待，比如通过征收进口税）比更为开放的国家要腐败。普山·杜特从经验上检验了这一点，得出结论认为，采用保护主义制度的国家，其官员的确比鼓励自由贸易国家的官员更为腐败。他的研究相当有力，令人信服。但我们不应忽视一个事实：腐败规模不仅指有多少官员受贿，也指贿赂的平均数额。如此一来，更为自由的贸易政策就意味着，比发展中国家或转型国家的公司远为庞大、财力远为雄厚的国外公司，能比国内公司提供数额大得多的贿赂。各公司为了获得海外订单所提供的某些贿赂，数额惊人。2010年，瑞士泛亚班拿货运代理公司在美国一家法院承认，曾于2002年至2007年间在7个国家共行贿4900万美元。泛亚班拿以这种方式提供协助的公司中就包括石油巨头荷兰皇家壳牌，后者承认曾向尼日利亚转包商支付200万美元以规避“出口手续”。

转型国家和发展中国家经常向富裕国家，以及国际货币基金组织和世界银行等国际组织寻求经济援助或获取贷款。不幸的是，在多数情况下，援助和贷款中有很大一部分最终落入了这些国家国内精英的海外银行账户中。简言之，本来是为了让贫困人口受益的行为，结果往往变成精英又一个大有赚头的腐败机会。

根据透明国际的《2004年全球腐败报告》，由于领导人从此类以及其他资金中捞取油水而受损最多的国家包括印度尼西亚（苏哈托）、菲律宾（马科斯）、扎伊尔（蒙博托）、尼日利亚（阿巴查）和海地（杜瓦利埃）[①]。

政治因素

经常有人主张国家机构越庞大腐败越多，这个观点受到一些人的质疑，他们援引瑞典作为有力的例证：该国国家机构庞大，同时腐败程度明显不高。不过，这可能仅仅是常规中的一个例外。戈·科特拉、凯苏克·奥卡达和苏万罗恩·桑烈在2012年的一篇文章中提出了更有说服力的观点。基于对82个国家的分析，他们得出结论称腐败与政府规模之间关系复杂，需要引入第三个变量，即民主程度。情况似乎是，政府规模的扩张往往导致民主健全的国家腐败减少，但在没有或几乎没有民主的国家则会加剧腐败。

第三章已经表明，根据目前尚不完善的衡量技术得出的结果，民主确立已久的稳定国家看起来比独裁国家或动荡体制要更少腐败。情况无疑是，后一种制度下的许多公民有过切身的行贿经验（主要是向警察、医务人员和教育工作者），而大多数西方人遇到的这种小型腐败要少得多。如果回头看我们的印象腐败程度最高和最低的国家名单，并将这些排名与政治制度类型（如

① 括号内为相应国家的领导人。

2012—2013年度《经济学人》民主指数所评估的）进行比较，这种格局就清晰地显现出来了（表6）。

在印象腐败程度最低的国家中，新加坡是唯一真正数值异常的；除此以外，格局清晰：在腐败印象指数和《经济学人》民主指数中都出现的所有严重腐败的国家，不是混合型（半威权）就是威权制国家，排名后六位的全部是威权制国家。

不过，表6可能存在一些误导。近年来在确立已久的民主国家中，并不缺少**高层次**的（精英的）腐败案例。自1990年代以来，西方许多备受瞩目的腐败都有一个关键特征，即与政党筹款有关。成熟民主国家的个体领导人和其他政治人物看来更有可能卷入的腐败行为，其目的在于帮助自己的政党而不是充实个人腰包（虽然帮助政党赢得竞选无疑能最终使自己受益）；举个例子，这一点与赫尔穆特·科尔和雅克·希拉克的情况都有关。此类涉及政党的腐败有时也适用于发展中国家和转型国家，但在这些国家，被指控和查实的为个人捞取私利的精英腐败要比发达国家多得多。

不过，即使在这里，所进行的区分往往也过于绝对。如第二章所述，分析腐败的一大难点在于是否将政治游说纳入进来。纳入或不纳入两种意见都有可取之处，如果游说公开透明，我们在此将避开这个困难问题。但是，有大量游说是模糊的，可能与“收买国家”彼此重叠。按照乔尔·赫尔曼和丹尼尔·考夫曼的说法，它们在许多东欧国家阻碍着政治和经济改革进程。两人的观点受到了挑战，比如一些分析人士断言这种观点过于简洁：有

表6　印象腐败程度与民主程度比较

国 家	2012年腐败印象指数排名	2012/2013年《经济学人》民主指数排名	2012/2013年《经济学人》民主指数分类	国 家	2012年腐败印象指数排名	2012/2013年《经济学人》民主指数排名	2012/2013年《经济学人》民主指数分类
丹 麦	1=	4	完全民主	布隆迪	（157=）	125	威 权
芬 兰	1=	9	完全民主	乍 得	（157=）	165	威 权
新西兰	1=	5	完全民主	海 地	（157=）	116	混 合
瑞 典	4	2	完全民主	委内瑞拉	（157=）	96	混 合
新加坡	5	82	混 合	伊拉克	（161）	113	混 合
瑞 士	6	7	完全民主	土库曼斯坦	（162=）	162	威 权
澳大利亚	7=	6	完全民主	乌兹别克斯坦	（162=）	161	威 权
挪 威	7=	1	完全民主	缅 甸	（164）	155	威 权
加拿大	9=	8	完全民主	苏 丹	（165）	154	威 权
荷 兰	9=	10	完全民主	阿富汗	（166=）	152	威 权
冰 岛	11	3	完全民主	朝 鲜	（166=）	167	威 权

要点：《经济学人》民主指数把国家分为完全民主国家、有缺陷民主国家（表6中不包含）、混合制度和威权国家。

说明：排名后11位的国家在腐败印象指数和《经济学人》民主指数中都有列出；由于2012年后者所评估的国家和地区（167个）比前者（176个）更少，表6所称的最为腐败的国家与实际腐败印象指数给出的国家并不完全一致（这一点在表中由括号进行了强调）。

时无良商人并非收买议员和公务人员，而是自己加入政治精英队伍。从某种意义上说，两种立场都正确又都不正确；情况千差万别，对于一个国家来说是正确的东西在另一个国家就不正确了。不过很明显的是，这一现象绝非仅限于转型国家或发展中国家。

发达国家的议员有时也会出卖他们在议会中的投票权。在英国，有许多“金钱换议题”丑闻，上下两院议员都曾被控为获取贿赂而在议会中提出议题并不当地促进游说者（其中有些人实际上是调查记者假扮的）的利益。2013年，前劳工大臣坎宁安勋爵和前保守党前座议员帕特里克·默瑟就受到了这样的指控。在坎宁安的案子中，上议院调查认定，没有充分证据表明存在有必要进一步调查的渎职行为。不过默瑟还是辞去了保守党党鞭职务，并于2014年4月宣布即将退出议院，而在紧随其后的5月，标准委员会的一份报告显示他蓄意回避了政治辩护规则，建议对其处以暂停下议院议员职务六个月的处罚。

在德国社会学家马克斯·韦伯看来，运转良好的现代国家不仅应该实现民主，还应该拥有健全的法治文化；事实上，韦伯对后者的关心更甚于前者。自2010年起，华盛顿和位于西雅图的“世界正义工程”开始统计法治指数（RLI）；2012—2013年度的法治指数共评估了97个国家和地区。遗憾的是，法治指数并不对国家和地区进行单一的总体排名。不过，其中的第五项因素（“开放政府”）包括四个变量，被多数法治研究专家视为法治的关键要素：法律被公之于众且方便查阅，法律较为稳定，公民有权向政府请愿并要求参政，官方信息经要求可以查阅。以上变量并未涵盖法治的所有关键方面，比如无人凌驾于法律之上和法律不应溯及既往，但还是有益地汇集了许多因素，这些因素正是判定一国或一地区的法治程度时应该考察的。有鉴于此，我们可以再次看看各国和各地区的印象腐败程度，这一次是因为它们看起来与法治相关联（见表7）。

与之前一样，除新加坡、肯尼亚、吉尔吉斯斯坦和乌克兰这样的例外，大多数国家和地区的印象腐败程度和法治程度之间具有明显的相似性。事实上，一国或一地区腐败的多寡可被视为其法治文化的一个指针。

许多发展中国家抱怨，在腐败印象指数中关注受贿者（腐败的需求方）同时又基本上忽视行贿者或同意行贿者（供给方），这是不公平的；于是，透明国际于1999年推出了行贿者指数（BPI）。该指数邀请商界人士（早年的行贿者指数只请发展中国家和地区的商界人士）列出一些国家和地区，那里的公司最有可能行贿以换取订单。行贿者指数每三至四年发布一次，现在也向发达国家和转型国家的商界人士发放问卷，让他们评估各国和各地区企业的行贿倾向。该指数关注的是世界上主要的出口国家和地区，纳入排名的不到30个。2011年行贿者指数调查结果见表8（打分为0—10，分数越高行贿倾向越低）。

关于表8要强调的一点是，虽然其排名与腐败印象指数排名密切相关，行贿者指数所涵盖国家和地区的分数差距（6.1—8.8）要比后者小得多。

表7　印象腐败程度与法治程度相比较

国家/地区	2012年腐败印象指数排名	2012年世界正义工程法治指数	国家/地区	2012年腐败印象指数排名	2012年世界正义工程法治指数
丹 麦	1=	8	肯尼亚	（86=）	64
芬 兰	1=	7	尼泊尔	（86=）	79
新西兰	1=	4	尼日利亚	（86=）	90
瑞 典	4	1	巴基斯坦	（86=）	92
新加坡	5	19	孟加拉国	（90=）	89
澳大利亚	（6=）	5	喀麦隆	（90=）	95
挪 威	（6=）	3	乌克兰	（90=）	62
加拿大	（8=）	6	吉尔吉斯斯坦	（93）	61
荷 兰	（8=）	2	柬埔寨	（94）	83
德 国	（10）	16	津巴布韦	（95）	97
中国香港地区	（11）	10	委内瑞拉	（96）	84
比利时	（12）	21	乌兹别克斯坦	（97）	88

说明：和本章大多数表格一样，由于包含的国家和地区数量少于法治指数所涵盖的，本表对各国和各地区原腐败印象指数重新进行了排名（这一点同样用括号加以强调）。

表8　2011年行贿者指数

国家/地区	排　名	分　数	国家/地区	排　名	分　数
荷　兰	1=	8.8	中国香港地区	15=	7.6
瑞　士	1=	8.8	意大利	15=	7.6
比利时	3	8.7	马来西亚	15=	7.6
德　国	4=	8.6	南　非	15=	7.6
日　本	4=	8.6	中国台湾地区	19=	7.5
澳大利亚	6=	8.5	印　度	19=	7.5
加拿大	6=	8.5	土耳其	19=	7.5
新加坡	8=	8.3	沙特阿拉伯	22	7.4
英　国	8=	8.3	阿根廷	23=	7.3
美　国	10	8.1	阿联酋	23=	7.3
法　国	11=	8.0	印度尼西亚	25	7.1
西班牙	11=	8.0	墨西哥	26	7.0
韩　国	13	7.9	中国大陆地区	27	6.5
巴　西	14	7.7	俄罗斯	28	6.1

西方国家的公司看上去不太可能行贿是事实，但不应遮蔽另一事实：近年来有许多总部位于西方的大型跨国公司，都曾被曝为获取海外订单或其他形式的优待（比如减税）而行贿或提供回扣；除之前列举过的，其他引人注目的例子包括哈里伯顿、惠普电

脑和辉瑞制药。

这样的公司不端行为有时会导致另一类腐败，此类腐败在发达国家比在转型国家或发展中国家更为常见；也就是说，在转型国家或发展中国家，政府高级官员明知本国公司在向海外行贿，却对违法视而不见甚至试图遮掩。一个典型的例子是英国向沙特阿拉伯出售武器的重大政治丑闻。此次丑闻与亚玛玛军火交易有关，在该宗交易中英国军火制造商航太公司（BAE）及其前身被控向沙特人大量行贿以获取订单。此案历时长久，盘根错节。一句话，这是英国有史以来数额最大的商业交易；首相托尼·布莱尔以国家安全为由于2006年阻止了对相关指控的调查，由此被指掩盖真相；2010年，航太公司在辩诉交易中同意向美国当局支付4亿美元罚款，此举意味着它将不被认定为行贿（虽然该公司承认伪造了账目并且作了误导性的陈述）。航太公司交了这笔美国法律史上数额最大的罚款之一，也在大概同样的时间向英国的严重欺诈调查局交了数额略小但同样不菲的另一笔罚款。不过，未被认定实际行贿这一事实还是意味着，航太公司没有被世界银行和其他国际机构排除出局（拉入黑名单），未来仍然能够在军火交易中自由地投标。

国家的历史遗产往往是有助于解释腐败的重要政治因素，我们在第四章中考察过这一点。对遗产的反应也会影响腐败程度。许多后革命时代的国家试图在艰难的环境中废除各个领域，包括财产、选举和政党筹款、福利、税收等领域的大量法律而代之以新法，结果往往是立法滞后。通常，在旧法已被废止，而替代法律或者还没通过，或者作为新法漏洞颇多的情形下，腐败会大量发生。

在发生过冲突的国家往往能找到一种不同的遗产。在许多情况下，这样的国家在冲突期间遭受着国际制裁，甚至被完全禁运；此时，为了获得供应，一些国家的政府会既鼓励腐败，又鼓励政府官员和有组织犯罪相勾结。在冲突结束后，建立在这种情况下的行为模式往往持续存在。一个典型的例子是塞尔维亚。该国在1991年受到贸易制裁，直到1996年制裁才撤销。1996年，塞尔维亚总检察长承认，如果不是走私，该国将无法正常运转；走私主要是由犯罪团伙进行的，但当局也有共谋行为。

某些国家功能失调或效能低下，于是被归为“失败的国家”。被冠以如此称谓是不幸的，按某种解释，它意味着这样的制度无可挽救。因此，有人提出“落入困境的”“陷入混乱的”“脆弱的”之类的形容词作为替代。这些词的确更为可取，它们意指制度有严重问题，却并不暗示已经无望。不过必须承认的是，一国政府的履职水平与印象腐败程度之间存在密切的相关性。表9通过比较各国的腐败印象指数排名和失败国家指数（FSI，令人欣慰的是，于2014年更名为“脆弱国家指数”）排名，清晰地表明了这一点。

最后一项政治变量是政府中的性别平衡。在2001年的一篇虽然不长但影响广泛的文章中，戴维·多拉尔、雷蒙德·菲斯曼和罗伯塔·加蒂认为，女性从政人员比例高的政治制度一般比女性比例低的腐败更少。这一观点受到宋鸿恩[①]的质疑，他坚持认为，决定腐败程度的不是女性的占比，而是民主的健全程度。

① 纽约城市大学约翰·杰伊刑事司法学院刑事司法学教授。

表9　印象腐败程度与国家脆弱程度相比较

国　家	2012年腐败印象指数排名	2012年失败国家指数排名*	国　家	2012年腐败印象指数排名	2012年失败国家指数排名*
丹 麦	1=	3	布隆迪	165=	160
芬 兰	1=	1	乍 得	165=	174
新西兰	1=	7	海 地	165=	171
瑞 典	4	2	委内瑞拉	165=	95
新加坡	5	21	伊拉克	169	169
瑞 士	6	4	土库曼斯坦	170=	96
澳大利亚	7=	13	乌兹别克斯坦	170=	138
挪 威	7=	5	缅 甸	172	157
加拿大	9=	9	苏 丹	173	175
荷 兰	9=	11	阿富汗	174=	172
冰 岛	11	12	朝 鲜	174=	156
卢森堡	12	6	索马里	174=	177

*　腐败印象指数和失败国家指数评分体系方向相反：在腐败印象指数中数字越低越好，失败国家指数则相反；为方便与腐败印象指数对比，表中对失败国家指数的评分按相反顺序排列，即该指数排名越高，国家看起来就越脆弱。

如2012年腐败印象指数所反映的，本章揭示的大多数相互关联性都与**印象**腐败程度相关。但是，腐败原因权威分析人士丹尼尔·特赖斯曼认为，虽然这类关联性（以及其他一些，比如对燃料出口的依赖）颇为有趣，并且能够解释近90%跨越国界的变化形式，它们还是有问题的，因为"对实际腐败经验进行衡量，向不同国家的商界人士和国民发放问卷、询问其近来是否被期待行贿时，一旦把上述国家的收入纳入考量，就会与这些因素中的任何一个都不相关"。特赖斯曼因此建议采用更依赖于经验的调查方式。但他也提醒读者，这类调查方式一般只能反映底层腐败，精英层面的腐败通常后果更为严重，也更有可能通过印象调查来反映。

此外，相互关联并不能证明因果关系，在某个点上，还要重视直觉和个人观察。用以判定腐败主要原因的技术目前还相当复杂，处于不断完善中，我们必须一直警惕潜在的双重危险，即从太少的案例中进行不恰当的概括（归纳推理），以及以宽泛的概括为基础来解释个案（演绎推理）。对于腐败的研究和解释，显然还有很长的路要走。

总而言之，本章引用的分析与系统性或结构性解释相关，就其名称来说恰如其分。要提醒读者的是，考察腐败需要以结构化理论为基础，有一个整体的看法，制度和人两者都无法自成一体或决定一切：它们是相互作用的。

第六章

国家能做些什么?

腐败被社会科学家称为“邪恶”的问题，意思是说它极为复杂，永远只能得到部分解决；它可以遏制，但无法根除。国家在对这个邪恶问题的应对方面发挥着关键作用，可以采取“大棒”(抑制)、“胡萝卜”(激励)、“行政和技术”以及“其他”方法。

大棒措施

国家可以用来减少腐败的最明显的“大棒”是法律制度。博茨瓦纳是非洲最廉洁的国家，对此该国当局有时给出的解释是，它们的起诉率远高于国际平均水平。起诉对象既可能是受贿者也可能是行贿者。

但是，起诉不是唯一的考虑因素；定罪率和刑罚的严厉程度也很重要。如果对被判定腐败的人处罚宽松，司法系统将无法起到有效的威慑作用。一些国家的确对腐败判处重刑。2011年初，美国宾夕法尼亚州的一名法官被判处28年监禁，原因在于为了从两名创立并运营私立少年拘留中心的商人那里得到大笔贿赂，该法官以错误的量刑把数千名儿童关进少年监狱；在美国，这是广为人知的“孩子换金钱”丑闻。

遗憾的是，严厉的处罚在全球范围内并不多见；那些腐败罪名成立的人被判处的刑罚通常都很温和。2014年3月，美国一名边境检查员被发现与毒品和人口贩子勾结达近十年之久，却只被圣迭戈一家法院判处七年半的监禁。与其他多数案例相比，这已经算比较严厉的了。如果我们采纳腐败的宽泛定义，把私人企业的不端行为也纳入考虑，还可以看到2005年在德国，大众汽车两名高管深度卷入“性、贿赂和腐败丑闻”；2008年，此案被判罪名成立，当事人获得短期徒刑（两年零九个月）和短暂缓刑期（12个月），被指量刑过轻。

有时，腐败罪名成立的人之所以得到宽大处罚，是因为配合当局来查处其他卷入不当行为的人。举一个例子：2014年1月，得克萨斯州一名政治顾问因腐败罪只被判处十个月监禁（外加罚款和狱后察看）；情况很明显，他之所以被从轻发落，是因为“透露了秘密”，供出建筑公司与地方官员以及一名前法官之间的腐败，使多人被定罪。

被证明行事腐败的人往往还能全然躲过刑事诉讼，只面临行政诉讼。撤职这样的处罚可能会令人尴尬，但与监禁相比，却不会有严重的长期负面影响，因此便少了威慑作用。

另一方面，有十个国家把死刑作为惩治腐败的可能刑罚。2013年前，死刑在越南很少使用；由于越南公众对腐败的关注，2013年和2014年，该国至少有三名银行系统官员因侵吞国有银行资金被判处死刑。

严刑峻法并非用法律制度来打击腐败所面临的唯一问题，对法律的滥用也是一个问题。在许多国家，司法系统高度政治化，法治孱弱。在此情形下，被告若不能自证清白一般就被认为有罪，那些在中立观察者看来并不腐败的人，可能会出于纯粹的政治原因而被诬陷和定罪（例如身为向威权式执政党发出挑战，或者批评了国家领导人的政党党员）。

就国家来说，在政治光谱的另一端可能会出现另一个问题。瑞典非常重视对公民自由的捍卫，禁止执法机构发起诱捕行动（针对犯罪嫌疑人）或设置圈套（针对非犯罪嫌疑人）。虽然强有力的法治观点支持着瑞典在诱捕问题上的立场，反对诱捕行动的主张还是相当无力，它意味着一个潜在的强大反腐工具没有派上用场。而且，瑞典在这方面前后不一：它允许拦截妓女的潜在客户的移动电话（在瑞典卖淫是合法的，嫖娼却是非法的）。

如果官员生活奢侈，与他们申报的收入看起来不相称，国家应该展开调查。在许多国家，官员现在必须申报收入和资产，这是减少腐败的一种方式。但是，许多腐败官员都以少报数额了事。这就是为什么深入审核他们的收入和支出，包括查询银行账户，原则上是国家适于采取的措施。

遗憾的是，这种方法效用有限。明显的一点是，一些腐败官员，尤其是精英层面的，会将不义之财存入隐蔽的海外账户，使政府当局无法查询。另一个问题是，一些民权活动人士认为，这样的调查是在侵犯隐私，在以法治为基础的民主国家令人无法接受。考虑到腐败的潜在危害，这种说法是无力的；腐败的受害者也有权利，如果可以证明收入乃合法取得，那些受到调查的人应该无所畏惧。当然，危险在于，一些国家会蛮横行事；但是这更可能发生在威权国家中，在那里个人反正几无权利可言，公民权利的说法在此情形下基本上是无稽之谈。

法院的存在是为了主持公道，立法机构的责任则在于通过法律。但是情况往往是，与腐败相关的法律或者没有，或者存在严重不足。有时，法律含糊不清或充满缺陷，辩护律师很容易为受到腐败指控的当事人做出有利陈述，说法律没有明确禁止或并不明确适用于特定类型的不端行为。因此，各国有责任加强反腐立法。法律之所以无力或含糊，有时与制度未能与时俱进有关，毕竟法律的修订和完善都需要时间；另一个因素是，议员往往有自己的既得利益，无意通过强硬、明确的立法；一旦通过，他们自己那见不得人的勾当就会暴露出来，受到惩罚。

许多国家和地区现在有专门的反腐机构（ACAs）。新加坡在反腐方面较为成功，当局常常将之部分归因于该国建立了世界上第一个独立的反腐机构——贪污调查局（CPIB）。该调查局成立于1952年，一直表现出色，使新加坡的腐败程度保持在较低水平。另一个卓有成效的反腐机构是香港特区廉政公署（ICAC，1974年成立），而成立于1994年的博茨瓦纳腐败和经济犯罪问题管理局（DCEC）同样成绩骄人。除了这三个通常被视为典范的反腐机构，其他的类似机构则远为逊色。

反腐机构表现不佳有很多原因，比如资金不足和责任不清。后者往往是因为继任的政府在设立新机构后没有解散老的机构，造成分工不明，部门之间互相扯皮。研究亚洲腐败的权威专家乔·奎令人信服地提出，贪污调查局能在新加坡获得成功、廉政公署能在中国香港地区获得成功，一个重要原因是两者都独自承担着打击腐败的责任（这一点也适用于博茨瓦纳）；在多数其他国家和地区，反腐机构则不止一个。第四个问题是，这些机构一般不够独立于调查对象。世界上许多调查警方腐败的反腐机构，都被要求利用警察进行调查。与这种做法相反，贪污调查局和廉政公署都有自己的调查力量，分别向新加坡总理办公室和中国香港特区行政长官直接负责。

在一些国家，对腐败分子施加“大棒”的一种常见方式是进行公开羞辱。例如，南非司法部长在2013年2月宣布，一旦选定媒体，政府将公布被判犯有腐败罪的人的姓名；6月，被判严重欺诈和腐败罪成立的42人，名字便被公布在南非的政府网站上。

与点名羞辱腐败者的做法密切相关的一项政策，是把被发现卷入公职人员腐败的私人公司公开列入黑名单（取消资格）。新加坡在此领域也一直走在前列。1996年1月，新加坡当局取消了五大公司，包括西门子（德国）、英国绝缘电缆（英国）和倍耐力（意大利），在五年内向新加坡承包合同投标的资格，因为这些公司被发现向新加坡官员行贿。西门子也被其他多个国家，包括意大利、斯洛伐克和巴西取消过资格，还在另一些国家（如阿根廷）被控腐败。

可用来惩罚行贿公司的另一种方法是提起诉讼。菲律宾政府就是这么做的：西屋电气公司在1980年代建造了巴丹核电厂，之后从未运行过，直至1999年决定封存；该项目没有得到授权，因为相当靠近一个主要的地震断层线和一座1991年爆发过的火山。遗憾的是，菲律宾当局无法说服美国根据其《反海外腐败法》审判西屋公司，原因一直未明。不过，提起诉讼的可能性仍然存在。

最后的“大棒”法就是，对于正在盘算着涉身腐败的人，当局威胁在将来加以惩罚；一个有力的方法是威胁取消退休金。

胡萝卜措施

公元1世纪，罗马历史学家塔西佗写道：“国家越腐败，法律越烦冗。”这个说法虽有些笼统，却不乏道理，我们有必要考察除了引入越来越多的规则，国家还可以通过哪些方式来反腐。

政府可以利用一系列激励措施来努力减少腐败。措施之一是改善官员的工作条件，特别是提高工资；新加坡、格鲁吉亚以及执行程度稍逊的俄罗斯针对执法官员的反腐政策之所以取得成功，在评论者看来与大幅加薪是有关系的。不过与多数反腐措施一样，这种方法也有问题。许多显然极为腐败的国家也都是赤贫国家，没有财力将官员工资提得很高，以至于在某些评论者看来能够减少腐败。其次，仅仅提高工资而不同时加强“大棒”措施，往往意味着在现实中腐败官员拿着更高的薪水，**同时**继续收受贿赂；他们左右逢源，国家却两头落空：向官员付酬更多，财政收入却并未增加。

没有财力为官员群体全面加薪的国家也可以另辟蹊径，这条路径仍是基于物质激励，但成本更低。那就是向反腐过程中发挥积极作用的官员提供经济奖励。遗憾的是，此种做法可能会适得其反。例如，匈牙利当局多年前决定奖励某些海关官员，这些官员把行贿以求走私物品通关的旅客揭发了出来。一名海关官员成功获得大量奖励，收入比总理还高。这就引起了怀疑，后经调查得知，该官员为了获取尽可能多的收入一直在进行虚假指控。该激励方法的一个变化形式是，奖励那些洁身自好或者检举腐败同僚的官员。

到目前为止，激励的重点一直是官员。其实国家也可以鼓励公民举报腐败行为。一个常见的方法是设立匿名热线电话。另一种可能性是创立机制，保护证人和举报人（举报他人的已知腐败行为或涉嫌腐败行为的人）。遗憾的是，不仅保护机制成本较高，那些发起举报或在法庭上指证嫌疑人的人，其下场可能比作恶的人更为悲惨。从组织内部进行举报的人经常发现自己遭到同僚的冷遇，许多人由于同僚的苛待，最终要么被解雇，要么主动辞职。

虽有保护机制，证人也可能面临同样恶劣的遭遇，甚至更为糟糕。这些机制大多关联着黑帮暴力犯罪的证人，但不应忘记的是，警察腐败也可能涉及威胁使用和实际发生的暴力。为了保护证人安全，他们一般被赋予新的身份，转移到新的地点。不幸的是，这样可能会对其生活造成灾难性的影响，因为他们往往远离家人和朋友，进入陌生的环境，不得不活在谎言中（即不能透露自己的真实身份)。总之,这种形式的激励可能会给执法部门提供帮助,但对那些协助当局的人却可能产生严重后果。

行政和技术措施

反腐的一个日益常用的行政方法是轮换制,即官员定期从一个职位调任另一职位。其依据是,腐败网络需要时间来编织,人事的频繁变动可能会抑制这一点。德国进行的一项实验表明,结果可能正是如此,但来自印度的证据却不太乐观,它表明在位者有时会互通信息,交流谁可能腐化谁又不会。此外,职位之间的频繁调动可能意味着集体记忆和执政经验中有价值的东西无法保存。轮换制对行贿者来说也有消极的一面,他们可能会发现不得不为一项好处破费两次:一次给原来的腐败官员,另一次给其继任者。

从严审计也能起到打击腐败的作用。在2003年至2004年间,经济学家本杰明·奥肯在印度尼西亚的600多个村庄进行了一项试验,发起一项筑路工程。在实验开始时,此类工程只有4%会接受印尼当局审计。但是,奥肯在每一个村庄都宣称,**所有**工程现在都将被审计。通过复杂的方法,他计算得出,在如此宣称之后,"无法查实的支出"平均下降了超过8%,他视之为"腐败税"。奥肯的结论是,自上而下的审计是一种有效的反腐方法;并进一步认为,这种方法比基层监督系统更加有效。

一种具有技术色彩的反腐方法是设置规范。假设马里政府要在首都巴马科新建一座机场,于是发起招标。由于政府过去参与过其他重大基础设施工程，熟知马里的材料和人工成本，可以计算一公里跑道的大致成本，从而给出规范，即最高和最低数额的费用，具体看投标公司提供哪些内容（例如是成本较高的快速完工，还是成本更低的慢速施工）。于是，对于远高于或远低于此规范的报价，政府就应该有所怀疑。在前一种情况下，投标者可能把腐败的“间接成本”计算在内了（从而抬高了价格）；在后一种情况下，他们可能试图贿赂采购官员，让其接受偏低的报价；投标者的盘算是，一旦获得承包合同，随后就能声称成本发生了井喷。

规范设置存在的一个问题是，并不清楚是否应该把规范透露给潜在的投标人。如果规范保密，外国企业相对于本土公司可能会处于劣势，因为除非此前在该地区接过项目，它们可能很难准确地评估成本。另一方面，透露规范又会使本土公司相对于国外企业处于劣势，因为大型海外公司如果拥有发展中国家或转型国家的本土企业所没有的昂贵设备，就可以发挥规模经济的优势，投入更少的人工。

在所涉及的数额方面，潜在腐败极为严重的一个领域是采购。国防方面的承包合同可能价值数百万甚至数十亿美元，而且已经出现了多起军用飞机制造商大肆贿赂官员以取得订单的例子。应对的方法之一是引入开放的网上招标，使整个采购过程更加透明。遗憾的是，许多国家的政府，更不要说国防装备的私人制造商，偏偏愿意让国防开支难以捉摸，还声称是为了国家安全。

网上招标只是技术性更强的众多反腐方法之一。另一种方法是在重要地点使用闭路电视，比如已知或怀疑海关官员高度腐败，就可以在边境口岸使用。广泛应用自动化高速摄像机，则可以减少交警接受驾车人贿赂或向驾车人索贿的机会。

由于腐败在多数国家的多数机构中都会发生，而且多数反腐措施都有成本（政府通常都想减少），国家最好把目标对准被视为最具破坏性的腐败，而不是所有的腐败；如何评估哪种腐败破坏性最大，则因国家而异。比如，在多数发达国家，腐败在交警队伍中并不是严重问题，但交警往往又是重案组成员，重案组里的警察会与罪犯正面接触，罪犯则有可能向他们提供大额贿赂。因此，各国需要针对特定的方法，制定适合于自己的风险（或弱点）评估机制。

其他措施

许多观察人士认为，在长期的反腐斗争中最有用的方法是提高社会信任度，并通过伦理教育来改变公众态度和道德观念。这种方法有一个问题，即需要很长时间，有时甚至需要几代人才能见效。此外，它在实施过程中会遭遇许多因素的抵制，有可能一直影响甚微。

然而，有限的经验证据表明，专门的研讨会（参与者为官员、管理人员、中小学生等）和某些类型的宣传可能会影响人们对腐败的看法，即使在很短的时间内。着眼于后者，主要有两种类型的宣传，其中之一通常比另一种更为成功。更有效的那一种是由政府提高公众的意识，让他们认识到什么是腐败、腐败是不能接受的、国民在反腐事业中能发挥什么样的作用。相反，在另一种宣传中，政府宣布将着手打击腐败官员，该做法通常要么效果有限，要么适得其反。很多时候，第二种宣传会导致“狼来了”综合征：国民对“新”运动司空见惯，这些运动和之前的许多次一样，本应该针对高层腐败，最后却大多不了了之；他们不会相信政客们的说法，即这一次的运动不同以往。于是，公共领域的犬儒主义和缺少信任就会成为普遍现象。

有时，某个国家的腐败问题极为严重，必须采取治本的方法。米哈伊尔·萨卡什维利在担任格鲁吉亚总统时采取的方法是，辞退国家特定部门的所有官员、撤销这个部门，然后用新的部门、新的人员和新的形象来取代。萨卡什维利自2004年起对交警部门就是这么做的，结果极为成功。

在一些国家部门中，工作人员传统上以男性为主；警察队伍是一个明显的例子。在这样的部门解决腐败问题的一个创新方法，是改变性别平衡。1990年代，由于严重腐败，秘鲁的交警受到本国政府和世界银行指责。世界银行建议试着改变一下性别平衡，因为女性被认为比男性更不易腐化。1998年起，秘鲁交警中女性的比例日益增加。十年后，秘鲁警方发言人称这一政策已经取得了重大成功，交警的腐败程度大幅下降。秘鲁人先行一步之后，类似政策在墨西哥城被采纳，目标同样在于减少交警腐败；再一次，初步结果令人鼓舞。

然而，萨布丽娜·卡里姆最近对秘鲁状况的研究表明，警察队伍的女性化虽降低了腐败，结果却并不像官方声称的那么令人惊叹和立竿见影。女性在国家特定部门中所占的比例与腐败程度的相关性，并不像有时声称的那么紧密。这方面的经验证据仍然稀疏，但已经有人提出，在队伍女性化时，腐败降低的原因与其说是性别变化，不如说是人员更新。腐败网络需要时间来织成，因为具有腐败倾向的官员之间的信任需要确立和培养。此处暗示的是，女性若长期紧密合作，也可能变得高度腐败。

这方面有一个有趣的插曲。从有限的证据来看，女性一般更倾向于彼此信任而不是信任男性，反之亦然。部分基于该假设，波兰警察部门近年来在可行的情况下，会安排一男一女两人一组进行巡逻。

与性别有关的最后一点是，玛丽莲·科尔西亚诺斯对美国警察腐败的研究表明，女性警察比男性警察结成腐败网络的可能性要小得多；如果这一点也适用于其他地方，它就有助于解释，为什么女性警察比例较高的地方腐败程度显然较低。

拉丁美洲国家的领导人决心减少腐败时，除了以激进的方式恢复性别平衡，还尝试了其他创新方法。1990年代中期，哥伦比亚首都波哥大时任市长安塔纳斯·莫库斯就采用了另一种方法。和许多拉丁美洲城市一样，波哥大的交警部门腐败问题严重。莫库斯解决问题的方法很有创意，他不仅和萨卡什维利十年后在格鲁吉亚所做的一样，解散了交警队伍，而且引入哑剧演员作为解决城市交通问题的一种方式。违反交通规则的人不再被罚款，或者在行贿之后被免于罚款，相反，他们会受到一大群哑剧艺人的嘲笑。这不仅改善了波哥大的交通状况，同时也减少了腐败。

第四种激进方法基于一则格言："无法打败，那就入伙。"1990年代，罗马尼亚军队中存在腐败，征兵的军官经常签署"不适兵役"声明来换取贿赂。政府没有试图通过加紧控制来解决这个问题，而是另辟蹊径，使那些不想服兵役的人可以合法地自己出钱来赎买役期。这意味着，大部分——总有一些人还是会冒险行贿而不支付（更高的）官方收费——之前流入军官腰包的钱现在进入国库成为公帑。

最后一个激进的做法是特赦被控腐败或涉嫌腐败的人。政府可以宣布，过去发生的事既往不咎，但会从下一年开始重拳打击。该方法只应该在极端情况下考虑，此时腐败已经极为普遍，期待新政府比它取代的旧政府更为廉洁是不现实的。这种方法有明显的缺陷：公众中会有很多人在一开始被激怒，因为贪官被宽恕了，这反过来又会削弱国家的合法性。不过，如果正面结果很快变得明显，很多国民就能看出这种方法是两害相权取其轻。

到目前为止，我们一直关注的是各国政府可以采取的国内措施。各国还可以与外部机构，包括其他国家，彼此合作、互相学习。我们最后要提到的一系列"其他"方法与国家可以而且应该在国界之外所做的努力相关。

直到1990年代，美国是唯一一个对商业企业的海外不端行为进行立法的国家。1977年，随着洛克希德贿赂丑闻（美国一家主要的军用飞机制造商被曝多年来在多个国家行贿，以获得海外订单）的发生以及水门事件之后公众对不端行为的普遍不满，美国通过了《反海外腐败法》（FCPA），使得美国公司在海外主动或被动行贿来获得订单不再合法。在1990年代末以前该法案在现实中很少应用，但它开创了一个先例，并被美国用来敦促经济合作与发展组织通过一部反对贿赂行为的公约（第七章会考察这部公约）。近年来受到《反海外腐败法》影响的公司中，就有世界上雇员人数最多的沃尔玛，该公司于2012年4月被《纽约时报》公开指责在墨西哥行贿；2014年2月，沃尔玛宣布将在随后12个月中投入2亿美元来调查可能违反《反海外腐败法》的行为。

近年来，很多西方国家都通过了与《反海外腐败法》类似的立法；多数分析人士认为，英国于2010年4月新通过（2011年7月生效）的《反贿赂法案》树立了新的、更高的标杆。这一法案被部分人视为世界上最严厉的反贿赂法，调节范围相当广泛，涵盖了英国公司和与英国公司有关联的外国公司在英国国内和国外的贿赂行为。此外，美国的《反海外腐败法》并不禁止疏通费（或称“加急费”，为了在获得合同后加速处理手续上的繁文缛节），英国的《反贿赂法案》则将其列为非法。

各国可以通过允许引渡在减少腐败方面彼此互助。遗憾的是，许多国家不允许本国公民被引渡到其他国家，即使后者能提供犯罪证据。这正合腐败的官员和企业主管的心意。

另一种可能性是，各国制定法律禁止其银行接受可疑的境外存款，或者至少要求银行将可疑存款告知当局。“9·11”事件之后，21世纪初的前十年中，要求国家通过此类法律的压力陡增，因为很明显，恐怖分子往往能够通过银行避风港洗钱。尽管存在这些压力，部分国家仍然允许开展某些银行业务，这些业务在金融行动特别工作组（FATF，见第七章）看来有利于洗钱活动。截至2014年2月，位于这份国家名单前列的是伊朗和朝鲜，而在过去被视为银行避风港和税收避风港的国家，如开曼群岛和瑙鲁，现在已经脱离了特别工作组的黑名单。至少就银行业来说，能让腐败官员洗钱的地方已经越来越少。

然而，在对银行部门的监控上，许多国家可以有更多作为；自2009年起开始发布的金融隐秘指数（FSI）就表明了这一点。这并不表示各国内部的腐败程度得到了评估，但确实提供了一个途径来观察国家在腐败问题上如何成为同谋。

从表10中能够明显看出的一点是，几乎所有最隐秘的司法管辖区人口都很少。从中无法看出的一点是，在2013年评估的82个管辖区中被评为银行操作最为透明的两个国家是丹麦和瑞典，得分分别为33和32；英国的得分是40。斯堪的纳维亚国家的得分不足为奇，值得注意的是，在我们所考察的其他评估项目中，银行系统相对透明的另两个国家是西班牙和意大利（得分分别为36和39）。

有人会说表10具有误导性，因为它根据财政透明度来给司法管辖区排名。发布金融隐秘指数的税收正义联盟却宁愿主要根据金融隐秘程度的**值**来给各国和各地区排名；这不是在金钱方面简单地计算，而是基于一套复杂的数学公式，我们不必深究。但是使用这种方法时，排名最前的（最不透明的）10个国家和地区看起来非常不同（表11）；几个主要发达国家和地区显然需要解决税收避风港和银行避风港的问题。

在第一章中，我们考察了区分礼物和贿赂的问题，并且提出，各种文化对这些问题的解释截然不同。在此领域，各国需要更好地了解彼此的观点和传统。令人欣慰的是，各国越来越倾向于从数量上来区分礼物和贿赂，虽然还不是从性质上。越来越多的政府现在承认，它们的官员如果拒绝其他国家和文化中的官员提供的真正属于礼品的东西，就可能是一种冒犯，于是便出现了折中的态度。这种态度规定了礼物价值的上限，通常是100美元到150美元之间。当然，总有一种风险存在：有人今天赠送150美元，且连续多月每天赠送150美元，这样一来礼物就等同于贿赂；因此，法律允许赠送礼物这一说法需要补充措辞，禁止规避礼品和贿赂之间的区别。

各国在反腐方面以间接方式彼此互助的最后一个途径，是树立良好的榜样。如果发达国家因腐败问题批评转型国家和发展中国家，则它们必须尽一切可能确保自家后院海晏河清；五十步笑百步无助于在全球范围内减少腐败。

打击腐败的一个关键因素是政治意愿。遗憾的是，太多情形下这种意愿似乎并不存在。不过，越来越多的国家现在显示了必要的政治意愿，例如表态将惩罚腐败官员，不论他们现在或曾经职务有多高。仅2012年至2014年，喀麦隆、克罗地亚、埃及、以色

表10　在金融监管、国际合作、反洗钱合规性方面最隐秘的司法管辖区（基于2013年金融隐秘指数，总分为100分）

排　名	司法管辖区	隐秘性得分
1	萨摩亚	88
2	瓦努阿图	87
3	塞舌尔	85
4=	圣卢西亚	84
4=	文莱达鲁萨兰国	84
6	利比里亚	83
7	马绍尔群岛	82
8	巴巴多斯	81
9=	安提瓜和巴布达	80
9=	巴哈马	80
9=	伯利兹	80
9=	百慕大	80
9=	马来西亚	80
9=	毛里求斯	80
9=	圣马力诺	80
9=	圣基茨和尼维斯	80

表11　2013年金融隐秘指数——透明度最低的十个司法管辖区

排　名	司法管辖区
1	瑞　士
2	卢森堡
3	中国香港地区
4	开曼群岛
5	新加坡
6	美　国
7	黎巴嫩
8	德　国
9	泽西岛
10	日　本

列、斯洛文尼亚、罗马尼亚等国的前总理就因腐败而被判处监禁。

1990年，哈佛大学政治学家约瑟夫·奈发明“软实力”一词，用来指通过更多的对话和更少的强制或武力（硬实力）来改善国际关系的可行性。在21世纪初，他认为美国应该在与其他国家的关系中实行“智慧权力”政策，意思是将硬实力和软实力结合起来。在打击腐败方面，我们也需要“智慧反腐”，即大棒、胡萝卜和其他方法的结合。由于文化各异，政治和经济制度的类型以及现有资源的状况也不相同，各国适用的组合将有所不同；采用一刀切的方法不仅不会奏效，还可能使那些深感受到不公平胁迫的国家疏离于外，从而适得其反。本章对反腐方法的分析远未穷尽，这些方法却清楚表明，只要有足够的政治意愿和能力，反腐工作大有可为。

第七章

还能做些什么？

国家只是许多能在遏制腐败方面发挥作用的行为者之一。在最后一章中，我们将考察国际组织、商业企业和民间社会可以做些什么，随后再评估反腐的总体努力。

国际组织

如上所述，只是在过去20年左右的时间里，国际社会才将注意力集中在腐败问题上。一个原因是，西方虽然自1990年代以来一直是推动反腐的主要力量，在冷战期间对推动国际反腐议程却没有什么兴趣。特别是美国，它并不希望由于批评盟国的腐败而让对方感到不安；美国也不想批评发展中国家，这样可能把它们推向苏联阵营。但一旦冷战结束，便不再需要遮遮掩掩了。1990年代初，美国开始大声地抱怨，其企业公司的海外业务正被其他发达国家的公司夺走，这些国家都没有任何与《反海外腐败法》

类似的立法（见第六章）。简言之，美国人想要在国际商业领域有更公平的竞争环境。

正是在此背景下，经济合作与发展组织的《国际商业交易中贿赂的应对建议》于1994年发布了，在许多人看来这是国际组织做出的首次重要尝试。但如其名称所示，这只是一套建议；毕竟，美国人也没有频繁祭出《反海外腐败法》。

到1990年代末，部分由于透明国际的影响日益扩大，以及世界银行在1995年任命詹姆斯·沃尔芬森担任行长后开始认真应对腐败，国际社会越来越意识到腐败是一个严重问题。经合组织提出的建议受到更多重视，以反腐公约的形式于1997年通过，并于1999年生效。该公约确立了“具有法律约束力的标准”：批准公约的国家必须通过或修改国内立法来与该公约保持一致。

经合组织公约的一个具体效果是，包括澳大利亚、德国和荷兰在内的多个发达国家，不得不停止为国内公司向海外支付的商业贿赂减免税收。所有34个经合组织成员国加上另外7个国家（阿根廷、巴西、保加利亚、哥伦比亚、拉脱维亚、俄罗斯和南非）现在都加入了该公约，自1999年以来公约已经多次加强，特别是在2009年和2011年。经合组织自称公约是“第一个也是唯一一个着力于贿赂交易‘供给侧’的国际反腐工具”——意思是说它关注的是商界在提供或支付贿赂方面的不当行为，而不是受贿或索贿的官员。

金融行动特别工作组（FATF）与经合组织密切相关。该工作组是在包括几个经济大国在内的七国集团的倡议下于1989年设立的，以打击洗钱为宗旨。最初，它的打击重点是有组织犯罪。主要在“9·11”事件的推动下，其关注领域很快扩大到恐怖主义，随后又涵盖腐败领域。从2010年开始，该工作组与20国集团反腐工作组就如何最有效地打击与腐败相关的洗钱活动密切合作，自此以后，其反腐力度得到加强。2011年以来，金融行动特别工作组已经发布了多份这方面的报告。

经合组织公约仅适用于世界上约五分之一的国家和地区，但这些国家和地区分布在全球各地。此外，自1990年代中期以来，已经通过了若干区域性反腐公约。第一个是1996年美洲国家组织35个成员国通过的《美洲反腐败公约》。时间更近的2003年，非洲联盟53个成员国通过了它们的《防止和打击腐败公约》（2006年生效）。

一般认为欧盟从1995年开始重视腐败问题，1997年制定了一项针对欧盟官员及其成员国官员的反腐公约。其后是2003年的《全面反腐败政策》。此外，欧盟还施加了有针对性的“条件限制”。例如，在1997年公布扩充成员国的路线图（“2000年议程”）时，针对每个申请成为成员国的东欧国家，欧盟对其必须满足的条件进行了个别分析。十项个别分析中每一项的“政治标准”部分规定的唯一问题，都是需要加强对腐败的打击。

另一个欧洲机构，即规模更大的欧洲委员会（成员国有47个，包括白俄罗斯和梵蒂冈之外的所有欧洲国家），在1990年代末和21世纪初通过了一些以反腐为目标的公约和其他文件。第一份是1997年的《关于反腐败的二十项指导原则》，1999年又颁布了针对腐败的刑法和民法两项公约；前者在2003年得到加强（2005年生效）。欧洲委员会还就公职人员行为守则（2000）和政治筹款（2003）提出了建议。

欧洲委员会对成员国约束力有限，但该委员会为监督各国对其反腐文件的执行情况而于1999年设立的机构——反腐败国家联合会（GRECO）——却小有成就。2012年，该联合会开始分析腐败的性别维度，包括腐败对男性和女性的不同影响，受到反腐人员越来越多的重视。

最后，欧洲委员会（有时与欧盟一起）已经针对特定国家和地区实施了若干反腐计划。这些项目包括1990年代后期的"章鱼"计划、俄罗斯的RUCOLA（2006—2007）和PRECOP（2013—2015）计划，以及摩洛哥和突尼斯的SNAC—南方计划（2012—2014）；其中一些计划表明，欧洲委员会的活动范围有时会越出欧洲以外。

在所有反腐公约中，得到最多国家认可的是《联合国反腐败公约》。该公约于2003年底开放供签署，2005年12月生效，是一份相对较新的文件；到2014年4月，《联合国反腐败公约》已有140个签署国和171个缔约国。公约被联合国自称为世界上第一份具有法律约束力的反腐文件（如之前提到的，经合组织公约只有41个签署国），并被一些人视为反腐文件的"黄金标准"，尽管其中并未对腐败给出实际定义。

国际执法机构也在打击腐败方面发挥着作用。作为其中主要的一个，国际刑警组织有自己的专家组——国际刑警组织腐败问题专家组（IGEC），在刑警组织于1998年举行第一次反腐会议后不久成立。该专家组已经制定了一套“全球标准”，特别针对减少警察队伍的腐败。国际刑警组织将其主要的反腐角色之一定位为资产追回，即将被盗资产返还给受害国。近年来，它一直紧盯体育领域的腐败，比如打假球现象。

到目前为止，我们关注的重点主要是预防性和惩罚性的方法。其实，国际组织也可以发挥激励作用。例如，对荷兰采取的打击国会议员和法官腐败的做法，欧洲委员会就于2013年表示了称许。

多数国际组织近年来都提出了减少腐败的政策和措施，世界贸易组织则被批评在这方面做得太少。世贸组织成立于1995年，于1996年开始考虑在公共采购领域减少腐败的方法；但外界评论人士过去一直声称，世贸组织没有取得什么进展。尤其是，透明国际负责人彼得·艾根于2003年发表了一篇文章，公开批评世贸组织在打击采购腐败方面止步不前。世贸组织于2014年生效的《政府采购协定（修订版）》提及了腐败，但只是浮光掠影，基本上是象征性的。

国际商会也鼓励世贸组织采取更强硬的立场，敦促其将腐败列为被禁止的非关税壁垒之一，不过世贸组织并未这么做。学者帕蒂德·阿莱认为，世贸组织强调国际贸易要更为透明，这有助于反腐斗争；菲利普·M.尼科尔斯则正确地指出，世贸组织原则上比多数国际组织在打击国际贸易中的腐败方面处于更有利地位。话虽如此，如果潜力没有发挥出来，这一点就没有什么意义。

世贸组织所采取的“由成员驱动”来协商一致的做法，使它在腐败等许多重要问题上不过是只纸老虎。

银行与跨国公司

马克斯·韦伯在20世纪初认为，对国家官僚机构的最好制衡，包括遏制腐败，是存在一个独立于国家的强大的商业阶层。遗憾的是，许多国家都政商交织，难分难解，这对遏制腐败来说可不是好兆头。但是原则上，银行和企业都可以在打击腐败方面发挥重要作用。

许多人认为，国际货币基金组织和世界银行这两家国际金融机构履行着基本类似的职能，事实并非如此。在反腐领域，世界银行比国际货币基金组织活跃得多。后者由于强调善治而鼓励透明，但其在腐败方面的实际重点主要是打击洗钱。自1990年代中期以来，世界银行则一直致力于通过若干途径减少腐败。本书第三章考察了其确定和衡量腐败的创新方法；自1999年以来，世界银行也一直禁止（即列入黑名单）在国际贸易中做出各种不端行为（包括规避制裁和行事腐败）的公司和个人。自2011年以来，世界银行通过与亚洲开发银行、欧洲复兴开发银行和美洲开发银行将黑名单联网，加强了这种禁止措施的威慑力。

世界银行和货币基金组织采取的最有争议的做法之一，是取消或暂停向腐败国家发放贷款。1997年，两家机构就曾因此而暂停向肯尼亚发放贷款。更近的一个例子是，由于一家加拿大工程公司涉嫌腐蚀孟加拉国官员，世界银行于2012年取消了向孟加拉国提供的12亿美元贷款，这笔贷款原本会用于该国一条最长桥梁的建设。

与其他国际组织一样，世界银行在批评之外有时也会发出赞许。例如，2002年它就曾祝贺罗马尼亚为减少司法部门的腐败所取得的成效（尽管欧盟后来批评罗马尼亚在打击法官腐败方面还是做得太少）。

批评之下，许多私人银行已采取措施打击洗钱，这可能会对高层次腐败影响尤甚。2000年，11家主要银行联手创立了沃尔夫斯堡集团，制定了一套反洗钱原则。该集团此后还继续制定原则和指导方针，其中许多都涉及银行业的各个方面（例如代理银行业务和受益所有权），这些方面是打击洗钱活动的重要内容；只是，就本书的导论性质来说，其专业性太强了。

已经有人注意到，许多人现在把企业公司也纳入可能腐败（以区别于实际的腐败主体）的范畴。无论是采用这种宽泛的腐败定义，还是采用以国家官员为重点的狭义界定，毫无疑问，私人企业是全球腐败的一个主要角色。西方媒体自新千年开始以来已经大显身手，详细报道了澳大利亚小麦局（总部设在澳大利亚）、SNC兰万灵集团（总部设在加拿大）和其他许多公司的不端行为，但私人企业能够采取和确实采取的反腐行动却难入其法眼。事实上，存在着很多可能性。

近年来，由于一些国家的腐败状况，少数公司或者威胁撤出，或者实际上已经从这些国家撤出。俄罗斯的宜家家居就是前一种情况，而由于保加利亚国内的腐败，联合利华于1997年退出了该国（退出约三年时间）。

近年来，许多私人公司至少象征性地（在某些情况下也是出于真正的关切）通过了“道德守则”，以此表明它们致力于使员工进一步认识到商业关系中诚信的重要。这些守则通常强调贿赂是完全不可接受的。作为一家被曝在过往完全无视道德的跨国公司，西门子的高级管理层自2008年起引入了一项大型合规计划，现在西门子被视为公司洗心革面的典范。

最早自1990年代初以来，越来越多的公司不仅在财务业绩这一传统的“底线”上，而且在社会和环保成就方面提交了年度报告。例如，它们可能赞助了奥运会运动员并减少了运动员们的二氧化碳排放量。这种三重底线——也称为3P方法，即“人、地球和利润”（people, planet, and profit）——通常被称为“可持续性报告”。近年来，一直有人在推动增设第四条底线，即治理，其中包括报告公司为减少贿赂和腐败行为作了哪些努力。这种“四重底线”的倡导者认为，报告第四条底线对公司来说是有好处的，会提高公司声誉。这方面的证据有些杂乱，但一些人断言，声誉不佳的公司将失去市场份额。无论该说法正确与否，许多公司在做出重要决定时的确会考虑“声誉风险”。

公民社会：国内和国际

公民社会的概念可以追溯到亚里士多德，但直到18世纪才成为社会科学研究中的重要概念。从此以后这个词面目模糊，对其确切意思至今仍然存在分歧。由于已经考虑了商业企业的作用，为适应本书主题，我们所分析的公民社会的其他主要组成部分将包括大众媒体、非政府组织和社交媒体。

在运行良好的民主制度中，纸媒和网络媒体都可以在打击腐败方面发挥重要作用。它们可以调查指控并公布结果，直接和间接地向当局施压，让当局深入追究。遗憾的是，许多国家的大众传媒不享有本该拥有的自主权。在描述媒体可以承担的多种角色和具有的多重性质时，罗德尼·蒂芬以犬类譬喻，将它们分为五个可能的类别：看门狗（媒体的理想角色）、戴口罩的看门狗（媒体受到严格限制，约束不仅来自审查制度，还来自诽谤法，这些法律严重偏向被媒体曝出不端行为的人的利益）、宠物狗（媒体甘受政治精英操纵）、狂吠的猎狗（媒体发出很多噪声，经常互相抄袭，但既没有妥当调查案件，也没有发挥建设性作用）和狼（最危险的类型，媒体对指控的调查漫不经心，公布时罔顾责任，从而增强公众愤世嫉俗的情绪并削弱体制的合法性）。

从蒂芬的分类中可以清楚地看出，媒体在打击腐败方面发挥的作用可能有限，甚至是消极的。后者的一个例子，同时也是“戴口罩的看门狗”的一个例子是，俄罗斯在2013年通过了一项法律，禁止媒体公布高级官员家庭成员私人资产的详情。有人指控，莫斯科政治精英中有人以家庭成员（包括儿童）的名义不正当地登记财产，以便隐藏自己的部分财富；无论真相如何，任何设法调查和公布结果的媒体都有可能面临诉讼。

NGO（非政府组织）一词早在1945年便第一次出现，但这个首字母缩略词自1970年代以来才开始普及，自1990年代起则变得越来越为人熟知。非政府组织有许多类型，我们将只考察致力于打击腐败的那一类，其中既有国内的也有国际的。

最著名的国际反腐败非政府组织是设在柏林的透明国际，它是全球组织，但在许多国家有地方分支机构（“国家分支机构”）。其幕后筹划者彼得·艾根，此前一直维持着世界银行在东非的运行，对腐败的地方精英们将本该用来帮助穷人的国际资助据为己有日益愤怒。于是，艾根于1993年创立透明国际，从那时起担任该组织的主席直到2005年。

除了前面章节中讨论的各种腐败指标，透明国际还提供了实用的“工具包”。透明国际深知在各种文化和机构中打击腐败的“一刀切”做法是不恰当的，于是明智地为想要反腐的人和组织确立和解读了各种方法（工具），供其根据自身的需要和情况取用。

透明国际提出的另一个倡议，是自1990年代以来在公共采购中推广“诚信契约”。用透明国际自己的话来说，诚信契约“本质上是发包的政府机构和竞标的公司之间的一份协议，双方同意在合同范围内避免贿赂、串通和其他腐败行为”；这种契约纳入了一种监督体制，非政府组织（通常是当地的透明国际分支机构）将依此设法检验签署国在实践中遵守诚信契约的程度。

另一个国际非政府组织是U4反腐败资源中心，成立于2002年，总部设在挪威卑尔根。该组织与透明国际的工作重点略有不同：它主要帮助（主要是欧洲的）捐助组织减少与其发展援助计划相关的腐败。除此以外，它还与透明国际紧密合作，后者在柏林总部维持着U4的咨询服务。其他非政府组织以及国际性非政府组织联盟包括全球见证组织和全球诚信组织。

世界上多数国家也有许多单个的国内反腐败非政府组织。其中，来自100多个国家的350多个组织通过《联合国反腐败公约》联盟相互关联起来。该联盟成立于2006年，负责协调各种非政府组织的工作，并分享最佳实践经验。另一个全球网络是“发布付费内容”组织，在全球拥有800多个民间社会组织成员，其关注重点是采掘业的腐败和其他玩忽职守行为。

到目前为止，我们关注的重点都是有正式组织的机构，这些机构将反腐作为其首要或主要目标。但有时，比这些机构更强大的是一般公众。普通公民打击腐败的一种简单方法是报告已知或疑似的案件，或者仅仅是提出打击腐败的建议；这通常有一定的技术要求，例如要用到电话或电脑，但并非总有技术门槛（见图6）。另一种方法是公众成员拒绝行贿。遗憾的是，这一点有时说起来容易做起来难：如果自己或家人为了保命而获得医治的唯一方法，是向本该提供免费治疗的医生行贿，那么情有可原的是，许多人都会这么做。

此外，还有其他方式可以使公众发挥重要作用。社交媒体在各种领域，包括反腐方面，正变得越来越重要。在俄罗斯，关于腐败问题（特别是公共采购方面）最著名的博客作者是亚历山大·纳瓦尔尼。纳瓦尔尼的批评性博文引起了无数俄罗斯人的共鸣，他本人曾被视为2018年俄罗斯总统的热门人选。在全球层面，脸书网站现在有一项功能，叫“说出腐败政治家和公务员的名字并羞辱他们”。

图6　肯尼亚的反腐意见箱：打击腐败也有技术含量不高的方法

在2012年所写的腐败主题的著作中，弗兰克·沃格尔强调了推特的作用，认为这是经历了所谓“阿拉伯之春”的一些国家政治意识得以提高的主要因素，也可能是打击腐败的强大武器。毫无疑问，推特可以迅速动员起数千人抗议各种形式的不公正，包括腐败；推特在近年来发挥了作用，推动多国公民参加针对腐败

图7　在全球许多地区，针对腐败的公众抗议越来越常见

的大规模抗议活动，包括阿根廷、巴西、保加利亚、印度、泰国、土耳其、乌克兰、美国和许多其他国家（图7）。一些大规模示威促使政权崩溃，另一些则招致了严厉的镇压。不过在后一种情况下，政权通常降低了自己的合法性，使其最终的覆灭更为可期。

对反腐的批评

从本章可以清楚地看出，国际上对腐败的关注只有20年左右的历史。20年间，反腐运动几乎呈指数级增长。然而，这种发展趋势招致了一些人的批评，主要有两个原因。

第一，有些人指责国际反腐运动（至少是其中的一部分）为"文化帝国主义"。毫无疑问，运动的一些方面咄咄逼人，干涉了国家主权。但应当承认，这样做往往是由于该国印象腐败程度高，许多公民义愤填膺同时又感到无能为力。调查显示，一般公众往往感谢外部机构向国内精英施压、让其腐败行为收敛，尤其是在困难人群能由此得到外部援助的情况下。

第二，越来越多的批评者（其中多数是学者）声称，反腐斗争的结果是出现了一个反腐"行业"，它有了既得利益，有动力在反腐领域创造尽可能多的新岗位，使腐败状况看起来尽可能地严重。批评者认为，反腐败非政府组织和国家资助的反腐机构如果在减少腐败方面极为成功，就会面临鸟尽弓藏的局面，从而失去资金甚至遭到解散。从某种意义上说，反腐行业正面临着自身腐败的指责。

这种说法无疑有些道理，却并非无可指摘。例如，只有认定腐败已经最终根除，或者更务实地说，已经**永久地**减少到"可控"水平，说反腐机构多余才能成立。在现实世界中，腐败不断改头换面卷土重来，解散为反腐而设立的机构可能会导致其不断以新的形式再生。

在批评反腐行业时，真正的危险是因噎废食。确保反腐机构高效、负责和透明至关重要，但是绝不能忘记腐败所具有的许多消极的、有时甚至是致命的影响。太多的分析人士发出尖锐的批评，却几乎没有提出任何积极的建议来解决这个极为现实的问题。

哪些方法奏效?

在本章和前一章中考察了许多打击腐败的方法之后，我们现在来解决就许多方面来说最为重要的问题：哪些方法是最有效的？遗憾的是，之前概述的每种方法都有缺点；由于篇幅限制，在分析这些方法时不得不有所取舍：这里将集中讨论国际努力的有效性，毕竟上一章已经评估了几种国内方法。那些数量繁多的公约等有没有什么显著效果，还是说它们实际上只是无用的虚文？

尽管欧盟和欧洲委员会有各种针对性的方案，腐败在大多数东欧国家仍然是一个严重问题。此外，2014年发表的第一份欧盟诚信体系报告明确指出，由于法规漏洞和道德政策执行不力，欧盟所属机构仍然容易受到腐败的影响。

根据2013年关于经合组织反贿赂公约执行情况的官方报告，"签署公约的40个国家中，有30个国家考虑到自身庞大的出口总额，几乎不会调查和起诉境外贿赂"——真是令人沮丧的结果。日本已批准该公约，但在多个场合都由于在现实中少有作为而受到批评。英国由于在2010年立法中严格反对公司贿赂而受到赞扬，但之前也曾被指在执行经合组织公约方面无甚作为。

此外，还存在倒退的危险。在引入经合组织公约后的第一个十年里，美国和德国证明自己是出色的好公民（到2013年英国和瑞士也有同样表现），利用基于公约的法律起诉了数量众多的国内公司。但是，正如透明国际在对经合组织公约执行情况的年度评估中经常指出的，如果美国和德国这样的"好公民"看到其他国家在履行公约承诺方面无所作为，它们迟早肯定会自问，对自己的国内公司加以惩罚，从而把业务拱手让给对公约口惠而实不至的那些国家的公司，这样做是否公平。如果答案是否定的，它们或许将不会再做模范公民。

就《联合国反腐败公约》而言，直到最近才有监督程序，即从2010年才开始有“第一个五年审查周期”；这项工作要到2015年才能完成，现在断言其成功还为时过早。[①]但是，一想到《联合国反腐败公约》自2005年即开始生效，人们必定会质疑，为什么评估其效力需要如此长的时间。而且，世界上一些贸易大国，特别是德国和日本，尚未批准《联合国反腐败公约》。该公约的效力到底有多大？理论上，**已经**批准公约的国家若不遵守，可以被诉至法院（联合国国际法院）；而在现实中，国际法院基本上没有执法权。

再来看看世界银行所付出的大量努力：事实已经表明，其跟踪调查能够大大减少腐败。但是，世界银行过去面临的一大批评是，它的那项严厉政策，即一发现重大腐败就取消援助项目，伤害了最需要帮助的人。另一个问题是，其禁止名单的对象主要为个人和小公司；似乎强势跨国公司的不端行为一般能够逃脱处罚，相对弱势的公司和个人却做不到。2011年对世界银行反腐工作进行了一项内部审查，报告表明情况是复杂的。虽然在许多国家加强反腐机构取得了一些成功，但报告发现，世界银行远远没有实现其反腐目标。

所有这些令人失望的事实是否意味着，1990年代以来的反腐斗争本质上是在浪费时间和精力？腐败研究领域肯定有一些“大

---

① 本书英文版出版于2015年，实际完稿时间略早于此。

腕”会有类似的主张。曾在世界银行负责腐败和治理问题分析工作的丹尼尔·考夫曼在2005年总结称，十年的全球反腐努力乏善可陈；2009年，他又声称为反腐做出的努力“不温不火”。在介绍2013年腐败印象指数时，透明国际主席于盖特·拉贝勒指出：“2013年腐败印象指数表明，所有国家在各级政府中仍然面临着腐败的威胁，从颁发地方许可证到执行法律法规都是如此”；根据该指数，近70%的国家得分低于50（范围为0—100分），意味着它们的腐败较为严重。

尽管存在这些令人沮丧的结果和批评，仍有**部分**迹象令人鼓舞。在2014年的一本书中，迈克尔·约翰斯顿指出：

> 他们——也是我们——仍在寻找在各种社会中遏制腐败的方法，这一事实并不意味着努力的失败：毕竟，在一代人之前腐败甚至还没有得到广泛讨论……今天，这种意识的提高本身就是一个重大成就。

此外，U4（在其网站上）声称“在反腐方面很少有证据表明哪些做法有效、为什么有效”的确有几分道理，但比较分析已经揭示了**部分**指导原则，不论在哪里，反腐工作要想取得进展，就应该坚持这些原则。最明显的经验之一是，到底是“众人拾柴火焰高”还是“三个和尚没水吃”，这个问题现在有了答案。正如乔·奎指出的，新加坡和中国香港地区在打击腐败方面取得的成功，在很大程度上与它们都拥有单一、强大、独立的反腐机构这一事实有关。在机构繁多的情况下，其职责往往重叠交叉甚至相互冲突，于是导致协调和推诿的难题；通常情况下，还会存在极端低效和资源浪费的情形。

许多分析人士认为，反腐措施最终成功与否取决于政治意愿。这一点就其本身来说是有说服力的，但需要进一步剖析和展开。例如，我们讨论的是**谁的**意愿？许多文化和语言中都有“上梁不正下梁歪”的说法，意思是说如果政治精英不能以身作则，腐败就会更甚。从这个意义上说，领导层的意愿似乎极为重要。不过，重要的并不仅仅是他们的意愿。领导层有可能一方面真正致力于打击腐败，同时又对自己下属的官僚机构没有足够的掌控，从而无法将这一意向变为现实。此外，在新自由主义主导的全球化世界中，政治领导人控制跨国公司的力量也是有限的。

因此，对于政治意愿我们现在可以在观点上作一些修正。政治领导人不仅必须真正投入，即具有打击腐败的政治意愿，还必须有**能力**贯彻其意愿。此外，涉及的众多方面，包括国家官员、公司企业、国际组织、民间社会和公众中的个体成员，也需要有打击腐败的意愿。这些行动者中的每一个所扮演的角色重要性各不相同，国与国之间也有不同。然而，每一个都不可或缺。

在第六章中我们曾指出，腐败是一个邪恶的问题。它永远不会完全消失：正如塔西佗在数个世纪前所说的，立法者只要制定新的法律来打击欺诈和腐败，狡猾的人几乎立即就会找出办法来规避它们。但是，与某些国家相比，在另一些国家腐败似乎远不是一个问题：例如，那些民主传统强大、法治观念牢固、社会信任发达、民间社会成熟的富裕小国显然腐败较少，说明腐败能够降低到可控水平。

不过，短期前景并不光明。法治和充满活力的民间社会都与运行良好的民主国家有关。世界正义工程的2014年法治指数表明，该年度腐败情况比上一年略有改善，但《经济学人》智库的民主指数（目前可能是世界上整体民主水平最权威的指南，自2007年来几乎每年发布一次）为2011年和2012年写下的两个副标题，分别是“压力下的民主”和“停滞的民主”。此外，基本上没有道德考量的新自由主义意识形态（强调目的重于手段并模糊国家和市场的界限）仍然支配着全球经济，这可不是什么好兆头；不过，科林·克劳奇等学者倒是怀着希望，期待全球金融危机能改变这种状况。反腐之战，任重道远。

译名对照表

A

Abacha, Sani 萨尼·阿巴

Afghanistan 阿富汗

Africa 非洲

African Union 非洲联盟

Ala'I, Padideh 帕蒂德·阿莱

Alatas, Syed 赛义德·阿拉塔斯

America, Latin 拉丁美洲

Angola 安哥拉

anti-corruption 反腐

Anti-Corruption Working Group 反腐工作组

Antigua and Barbuda 安提瓜和巴布达

Argentina 阿根廷

Aristotle 亚里士多德

Asia 亚洲

Asian Development Bank 亚洲开发银行

Australia 澳大利亚

AWB 澳大利亚小麦局

B

B2B 公司对公司业务 参见 business-to-business

BAE 英国航太公司

Bahamas 巴哈马

Bangladesh 孟加拉国

Barbados 巴巴多斯

Bataan nuclear power plant 巴丹核电厂

Becker, Howard 霍华德·贝克

Belgium 比利时

Belize 伯利兹

Berlusconi, Silvio 西尔维奥·贝鲁斯科尼

Bermuda 百慕大

BICC 英国绝缘电缆公司

Blair, Tony 托尼·布莱尔

blat 布拉特

Botswana 博茨瓦纳

Braithwaite, John 约翰·布雷思韦特

Brazil 巴西

Bribe Payers Index 行贿者指数

Bribery Act (UK)《反贿赂法案》(英国)

Brunei Darussalam 文莱达鲁萨兰国

Bulgaria 保加利亚

Burma 缅甸 参见 Myanmar

Burundi 布隆迪

C

Cambodia 柬埔寨

Cameroon 喀麦隆

Canada 加拿大

Catholicism 天主教会

Cayman Islands 开曼群岛
Chad 乍得
Chile 智利
Chirac, Jacques 雅克・希拉克
Christian Democratic Union 基督教民主联盟
Collins, Phil 菲尔・科林斯
Colombia 哥伦比亚
Congo, Democratic Republic of 刚果（金）
Corrupt Practices Investigation Bureau 贪污调查局
Corruption Perceptions Index 腐败印象指数
Corsianos, Marilyn 玛丽莲・科尔西亚诺斯
Council of Europe 欧洲委员会
CPI 腐败印象指数 参见 Corruption Perceptions Index
Croatia 克罗地亚
Crouch, Colin 科林・克劳奇
Cunningham, Lord Jack 杰克・坎宁安勋爵
Czechia 捷克

D

Denmark 丹麦
Directorate on Corruption and Economic Crime 腐败和经济犯罪问题管理局
Dollar, David 戴维・多拉尔
Donne, John 约翰・邓恩
Dutt, Pushan 普山・杜特
Duvalier, Jean-Claude 让–克洛德・杜瓦利埃

E

Egypt 埃及
Eigen, Peter 彼得・艾根
Enron 安然公司
Estonia 爱沙尼亚
Eurobarometer 欧洲民意调查中心
Europe 欧洲
European Bank for Reconstruction and Development 欧洲复兴开发银行
European Union 欧盟
Eurozone crisis 欧元区危机

F

FIFA 国际足联
Financial Action Task Force 金融行动特别工作组
Financial Secrecy Index 金融隐密指数
Finckenauer, James 詹姆斯・芬克劳
Finland 芬兰
Fisman, Raymond 雷蒙德・菲斯曼
focus groups 焦点小组
Foreign Corrupt Practices Act《反海外腐败法》
'Fortress Europe' “欧洲堡垒”
France 法国
Fukuyama, Francis 弗朗西斯・福山

G

G20 20 国集团

Gardner, Leigh 利・加德纳
Gatti, Roberta 罗伯塔・加蒂
Georgia 格鲁吉亚
Germany 德国
Gerring, John 约翰・耶林
'Ghost Doctors' "幽灵医生"
Giddens, Anthony 安东尼・吉登斯
gifts 礼物
Gini coefficient 基尼系数
Global Competitiveness Index 全球竞争力指数
Global Competitiveness Report 全球竞争力报告
Global Corruption Barometer 全球腐败晴雨表
Global Financial Crisis 全球金融危机
Global Integrity 全球诚信组织
Global Witness 全球见证组织
Gottfredson, Michael 米凯尔・戈特弗里德松
GRECO 反腐败国家联合会 参见 Group of States Against Corruption
Greece 希腊
Group of States Against Corruption 反腐败国家联合会
Guinea, Equatorial 赤道几内亚

H

Haiti 海地
Hall, David 戴维・霍尔
Halliburton 哈里伯顿
Hegel, Georg 格奥尔格・黑格尔
Heidenheimer, Arnold 阿诺德・海登海默
Hellman, Joel 乔尔・赫尔曼
Hewlett-Packard 惠普电脑
Hirschi, Travis 特拉维斯・赫希
honeypot/honeytrap 蜜罐 / 桃色陷阱
Hong Kong SAR 中国香港地区
Hungary 匈牙利
Huntington, Samuel 塞缪尔・亨廷顿

I

Iceland 冰岛
IKEA 宜家家居
Independent Commission Against Corruption, Hong Kong SAR 香港地区廉政公署
Independent Commission Against Corruption, New South Wales 新南威尔士州反腐独立委员会
India 印度
Indonesia 印度尼西亚
Inglehart, Ronald 罗纳德・英格尔哈特
Inter-American Development Bank 美洲开发银行
International Chamber of Commerce 国际商会
International Country Risk Guide 国家风险国际指南
International Court of Justice 国际法院
International Crime Business Survey 国际犯罪商业调查
International Crime Victim Survey 国际犯罪受害者调查

international financial institutions 国际金融机构
International Monetary Fund 国际货币基金组织
Interpol 国际刑警
Iran 伊朗
Iraq 伊拉克
Israel 以色列
Italy 意大利

J

Japan 日本
Jersey 泽西岛
Johnston, Michael 迈克尔·约翰斯顿
Jones, Geraint 杰兰特·琼斯

K

Karim, Sabrina 萨布丽娜·卡里姆
Karklins, Rasma 拉斯马·卡克林斯
Kaufmann, Daniel 丹尼尔·考夫曼
Kenya 肯尼亚
Khagram, Sanjeev 桑吉维·卡格拉姆
Klitgaard, Robert 罗伯特·克利特加德
Knapp Commission 纳普委员会　参见 commissions
Kohl, Helmut 赫尔穆特·科尔
Kotera, Go 戈·科特拉
Krastev, Ivan 伊万·克勒斯特夫
Kyrgyzstan 吉尔吉斯斯坦

L

Labelle, Huguette 于盖特·拉贝勒
Laos 老挝
Latvia 拉脱维亚
Lebanon 黎巴嫩
Ledeneva, Alena 阿廖娜·列杰涅娃
Leff Nathaniel 纳撒尼尔·莱夫
Lenin, Vladimir 弗拉基米尔·列宁
Leys, Colin 科林·利斯
Liberia 利比里亚
Libya 利比亚
Lithuania 立陶宛
Luxemburg 卢森堡

M

Magnitsky Act《马格尼茨基法案》
Malaysia 马来西亚
Manzetti, Luigi 路易吉·曼泽蒂
Marcos, Ferdinand 费迪南德·马科斯
Marshall Islands 马绍尔群岛
Mauritius 毛里求斯
Mauro, Paolo 保罗·莫罗
Mercer, Patrick 帕特里克·默瑟
Mexico 墨西哥
Miguel, Edward 爱德华·米格尔
Mobuto, Sese Seko 蒙博托·塞塞·塞科
Mockus, Antanas 安塔纳斯·马科斯
Myanmar 缅甸

N

Naím, Moisés 莫伊塞斯·纳伊姆
Nauru 瑙鲁
Navalnyi, Alexander 亚历山大·纳瓦尔尼
Nepal 尼泊尔

Netherlands 荷兰
New York 纽约
New Zealand 新西兰
NGOs 非政府组织 参见 non-governmental organizations
Nichols, Philip 菲利普·尼科尔斯
Nigeria 尼日利亚
non-governmental organizations 非政府组织
Norway 挪威
Nye, Joseph 约瑟夫·奈

O

Ohmae, Kenichi 大前研一
Okada, Keisuke 凯苏克·奥卡达
Olken, Benjamin 本杰明·奥肯
Organization for Economic Cooperation and Development 经济合作与发展组织
Organization of American States 美洲国家组织

P

Pakistan 巴基斯坦
Panalpina 泛亚班拿公司
Parmalat 帕玛拉特
Peru 秘鲁
Pfizer 辉瑞制药
Philippines 菲律宾
Pirelli 倍耐力
Poland 波兰
Policy Group 政策组织
Portugal 葡萄牙
Publish What You Pay "发布付费内容"组织
Putin, Vladimir 弗拉基米尔·普京

Q

Quah, Jon 乔·奎

R

Romania 罗马尼亚
Rose-Ackerman, Susan 苏姗·罗斯–阿克曼
Rule of Law Index 法治指数
Russia 俄罗斯

S

Saakashvili, Mikheil 米哈伊尔·萨卡什维利
St Kitts and Nevis 圣基茨和尼维斯
St Lucia 圣卢西亚
Sajó, András 安德拉斯·绍约
Samoa 萨摩亚
Samreth, Sovannroeun 苏万罗恩·桑烈
San Marino 圣马力诺
Saudi Arabia 沙特阿拉伯
Scandinavia 斯堪的纳维亚
Schengen zone 申根区
Serbia 塞尔维亚
Seychelles 塞舌尔
Shell, Royal Dutch 荷兰皇家壳牌
Siemens 西门子
Singapore 新加坡
Slovakia 斯洛伐克

Slovenia 斯洛文尼亚
'smart power' "智慧权力"
SNC-Lavalin SNC 兰万灵集团
'soft power' "软实力"
Somalia 索马里
Spain 西班牙
'speed money' "加急费"
'spendthrift election' "挥霍式选举"
'squirrel's nuts' syndrome "松鼠的坚果"综合征
'sucker mentality' "吸盘心态"
Sudan 苏丹
Suharto 苏哈托
Sung, Hung-En 宋鸿恩
Sweden 瑞典
Switzerland 瑞士

T

3Ps approach "人、地球和利润"方法
Tacitus 塔西佗
Tajikistan 塔吉克斯坦
Tanzania 坦桑尼亚
Tanzi, Vito 维托・坦齐
Tax Justice Network 税收正义联盟
Thacker, Strom 斯特罗姆・撒克
Thailand 泰国
Tiffn, Rodney 罗德尼・蒂芬
Transparency International 透明国际
Treisman, Daniel 丹尼尔・特赖斯曼
Tunisia 突尼斯
Turkey 土耳其
Turkmenistan 土库曼斯坦

U

U4 U4 反腐资源中心
Uganda 乌干达
Ukraine 乌克兰
UNCAC《联合国反腐败公约》参见 United Nations Convention Against Corruption
UNCAC Coalition《联合国反腐败公约》联盟
Unilever 联合利华
United Arab Emirates 阿联酋
United Kingdom 英国
United Nations Convention Against Corruption《联合国反腐败公约》
United States 美国
Uruguay 乌拉圭
Uslaner, Eric 埃里克・乌斯拉纳
USSR 苏联
Uzbekistan 乌兹别克斯坦

V

Vanuatu 瓦努阿图
Venezuela 委内瑞拉
Vietnam 越南
Vogl, Frank 弗兰克・沃格尔
Volkswagen 大众汽车
vulnerability assessments 弱点评估 参见 risk, assessments

W

Wal-Mart 沃尔玛

Waring, Elin 埃林·韦林
Washington Consensus 华盛顿共识
Weber, Max 马克斯·韦伯
Wei, Shang-Jin 魏尚进
Westinghouse 西屋电气公司
Wilson, Carole 卡罗尔·威尔逊
Wolfensohn, James 詹姆斯·沃尔芬森
Wolfsberg Group 沃尔夫斯堡集团
World Bank 世界银行
World Economic Forum 世界经济论坛
World Justice Project 世界正义工程
World Trade Organization 世界贸易组织
Worldcom 美国世通

Y

Yemen 也门
You Jong-sung 柳钟醒

Z

Zaire 扎伊尔
Zimbabwe 津巴布韦

扩展阅读

概论

Almost all IO and NGO documentation cited in this book is freely available on the internet, and only sources that might be difficult to locate without full publication details are included here, along with sources not referred to in the text that should be particularly useful to newcomers. An excellent general introduction to corruption is C. Fletcher and D. Herrmann, *The Internationalisation of Corruption* (Gower, 2012), while an older standard work is A. Heidenheimer and M. Johnston (eds.), *Political Corruption*, 3rd edn. (Transaction, 2001). Readers particularly interested in economic aspects of corruption should see the two-volume collection edited by Susan Rose-Ackerman (the 2nd volume co-edited with Tina Søreide), the *International Handbook on the Economics of Corruption* (Elgar, vol. 1, 2006, vol. 2, 2011). An older but still invaluable collection that covers both theoretical approaches and the situation in many countries of the world is the four-volume collection edited by R. Williams and various co-editors, *Corruption in the Developing World* (with R. Theobold), *Corruption in the Developed World* (with J. Moran and R. Flanary), *Controlling Corruption* (with A. Doig) and, without a co-editor, *Explaining Corruption* (all four volumes published by Elgar, 2000). For broad analyses covering regions and continents see C. Blake and S. Morris (eds.), *Corruption and Democracy in Latin America* (University of Pittsburgh Press, 2009); D. Della Porta and Y. Mény (eds.), *Democracy and Corruption in Europe* (Pinter, 1997); J. Hatchard, *Combating Corruption* (Elgar, 2014; on Africa); L. Holmes, *Rotten States?* (Duke University Press, 2006; on post-Communist transition states); T. Lindsey and H. Dick (eds.), *Corruption in Asia* (Federation Press, 2002); Ting Gong and S. Ma (eds.), *Preventing Corruption in Asia* (Routledge, 2009); C. Warner, *The Best System Money Can Buy* (Cornell University Press, 2007; on the European Union): there is room for a comparative collection on the Middle East, but a starting point is H. Askari, S. Rehman, and N. Arfaa, *Corruption and its Manifestation in the Persian Gulf* (Elgar, 2010). For a recent collection that, *inter alia*, focuses on corruption in different sectors and branches, see A. Graycar and R. Smith (eds.), *Handbook of Global Research and Practice in Corruption* (Elgar, 2011). The single most useful journal on corruption is *Crime, Law and Social Change*, while an invaluable website is Transparency International's.

第一章　何为腐败？

Two of the best introductions to the problems of defining corruption are M. Philp in *Political Studies*, 45 (3), 1997: 436–462 and K. Sass Mikkelsen in *Crime, Law and Social Change*, 60 (4), 2013: 357–374. On corruption's role in the collapse of the Roman Empire see R. MacMullen, *Corruption and the Decline of Rome* (Yale University Press, 1990), while for Roman, Ancient Greek, and other interpretations of corruption to the late 18th century see B. Buchan and L. Hill, *An Intellectual History of Political Corruption* (Palgrave Macmillan, 2014). The best analysis of *blat* is A. Ledeneva's *Russia's Economy of Favours* (Cambridge University Press, 1998); on *guanxi*, see T. Gold, D. Guthrie, and D. Wank (eds.), *Social Connections in China* (Cambridge University Press, 2002). Arnold Heidenheimer's threefold distinctions are in A. Heidenheimer (ed.), *Political Corruption* (Holt, Rinehart and Winston, 1970): 3–28. The World Bank definitions of 'state capture' and 'administrative corruption' are from J. Hellman, G. Jones, and D. Kaufmann, *World Bank Policy Research Working Papers*, no. 2444, 2000, while Rasma Karklins' typology is in her book *The State Made Me Do It* (M. E. Sharpe, 2005). For a standard analysis of the history of bribery see J. Noonan, *Bribes* (University of California Press, 1987).

第二章　腐败何以成为问题？

Many of the effects of corruption outlined in this chapter are analysed in detail in S. Rose-Ackerman, *Corruption and Government* (Cambridge University Press, 1999). The 1998 IMF Working Paper on corruption and inequality cited is S. Gupta, H. Davoodi, and R. Alonso-Terme, 'Does Corruption Affect Income Inequality and Poverty?'; an updated version is in *Economics of Governance*, 3 (1), 2001: 23–45. A more detailed analysis of the links between corruption and inequality (and trust) is Eric Uslaner's *Corruption, Inequality and the Rule of Law* (Cambridge University Press, 2008). The article by Osita Agbu is in *West Africa Review*, 4 (1), 2003: 1–13; further analyses of corruption's role in human trafficking are by S. Zhang and S. Pineda, in D. Siegel and H. Nelen (eds.), *Organized Crime: Culture, Markets and Policies* (Springer, 2008): 41–55; and K. Skrivankova, G. Dell, E. Larson, M. Adomeit, and S. Albert, *The Role of Corruption in Trafficking in Persons* (UNODC, 2011). A useful introduction to corruption in the 'legitimate' arms trade is A. Feinstein, *Shadow World* (Penguin, 2012). Those interested in corporate misconduct in the US could start with M. Clinard and P. Yeager, *Corporate Crime* (Free Press, 1980; rev. edn. 2005) or the more recent A. Huffington, *Pigs at the Trough* (Three Rivers, 2009); for broader coverage see H. Pontell and G. Geis (eds.), *International Handbook of White-Collar and Corporate Crime* (Springer, 2010). The relationship between corruption and economic crises is analysed by L. Holmes, in R. Pettman (ed.), *A Handbook of International Political Economy* (World Scientific Publishing, 2012): 211–228. On the connection between buildings collapsing and corruption, see N. Ambraseys and R. Bilham in *Nature*, 469 (7329), 2011: 153–155. On corruption and the environment, two useful sources are *Corruption, Environment and the United Nations Convention against Corruption* (UNODC, 2012) and L. Pellegrini, *Corruption, Development and the Environment* (Springer, 2011). Paolo Mauro's article is in *Quarterly Journal of Economics*, 110 (3), 1995: 681–712, while S.-J. Wei's is in *The Review of Economics and Statistics*, 82 (1), 2000: 1–11. Wei's approach has been challenged by Barry Hindess, in L. de Sousa, P. Larmour, and B. Hindess (eds.), *Governments, NGOs and Anti-Corruption* (Routledge, 2009): 19–32. Readers interested in corruption and party financing (mainly in established democracies) should see I. McMenamin, *If Money Talks, What Does it Say?* (Oxford University Press, 2013). The Frank Vogl reference is from his *Waging War on Corruption* (Rowman and Littlefield, 2012). On corruption (broadly understood) in soccer see D. Hill, *The Insider's Guide to Match-Fixing in Football* (Anne McDermid, 2013). For the 1960s revisionist sources cited in the text see the entries by Leff, Nye, Huntington, and Leys in Heidenheimer and Johnston 2001 (cited previously). Ivan Krastev's argument is in *East European Constitutional Review*, 7 (3), 1998: 56–58, while that of Manzetti and Wilson is in *Comparative Political Studies*, 40 (8), 2007: 949–970. Klitgaard's approach is in his book *Controlling Corruption*, 2nd edn. (University of California Press, 1991; 1st edn. 1988).

第三章　腐败能否衡量?

Two comprehensive analyses of the methods used for measuring corruption are C. Sampford, A. Shacklock, C. Connors, and F. Galtung (eds.), *Measuring Corruption* (Ashgate, 2006) and R. June, A. Chowdhury, N. Heller, and J. Werve, *A User's Guide to Measuring Corruption* (UNDP, 2008). Moisés Naím's article is in *Brown Journal of World Affairs*, 2 (2), 1995: 245–261. On PETS in Uganda and Tanzania see G. Sundet in *U4 Issue*, 8, 2008, while the methodology of tracking surveys is explained in R. Reinikka and J. Svensson, *World Bank Policy Research Working Paper*, 3071, 2003. On the latest developments in and advocacy of the proxy method see J. Johnsøn and P. Mason, *U4 Brief*, 2, 2013. A valuable study of experimentation for measuring and classifying corruption is D. Serra and L. Wantchekon, *New Advances in Experimental Research on Corruption* (Emerald, 2012), while a highly innovative experiment relating explicitly to money-laundering is M. Findley, D. Nielson, and J. Sharman, *Global Shell Games* (Cambridge University Press, 2014).

第四章　心理-社会解释和文化解释

The classic analysis of structuration theory is A. Giddens, *The Constitution of Society* (Polity, 1984). The 'sucker mentality' is discussed in J. Finckenauer and E. Waring, *Russian Mafia in America* (Northeastern University Press, 1998), while the original version of opportunity theory is in R. Cloward and L. Ohlin, *Delinquency and Opportunity*, 2nd edn. (Free Press, 1963). Still the best analysis of rational choice theory is D. Green and I. Shapiro's *Pathologies of Rational Choice Theory* (Yale University Press, 1994). For the original version of labelling theory see H. Becker, *Outsiders*, updated edn. (Free Press, 1973), while the closely related shaming theory is in J. Braithwaite, *Crime, Shame and Reintegration* (Cambridge University Press, 1989). The original version of control theory outlined here is from T. Hirschi, *Causes of Delinquency* (University of California Press, 1969); the later general theory of crime is in

M. Gottfredson and T. Hirschi, *A General Theory of Crime* (Stanford University Press, 1990). There is a brief overview of historical and other cultural explanations of corruption in R. Goel and M. Nelson, *BOFIT Discussion Papers*, no. 6 (Bank of Finland Institute of Economies in Transition, 2008). For statistically-based analyses of the weak relationship between religion and corruption see D. Treisman in *Journal of Public Economics*, 76 (3), 2000: 399–457 and R. LaPorta, F. Lopez-de-Silanes, A. Shleifer, and R. Vishny in *Journal of Law, Economics and Organization*, 15 (1), 1999: 222–279. The work cited from Gardner is in *Economic History of Developing Regions*, 25 (2), 2010: 213–236, while another analysis of the relationship between the colonial legacy and corruption can be found in the Treisman article cited previously. On the effect of legal cultures on corruption see S. Rose-Ackerman, in D. Rodriguez and L. Ehrichs (eds.), *Global Corruption Report 2007* (Cambridge University Press, 2007): 15–24. The Ledeneva quotation cited is from her 1998 book cited previously. The article by Fisman and Miguel is in *Journal of Political Economy*, 115 (6), 2007: 1020–1048. Sajó's argument is in *East European Constitutional Review*, 7 (2), 1998: 37–46, while a good example of the 'underworld'/'upperworld' distinction is Vincenzo Ruggiero's *Organized and Corporate Crime in Europe* (Dartmouth, 1996). Works on corruption by Syed Hussein Alatas include *Corruption* (Avebury, 1990) and *Corruption and the Destiny of Asia* (Prentice-Hall, 1999). A standard critique of the cultural approach to explaining miscreant behaviour is J. Ferrell, K. Hayward, and J. Young, *Cultural Criminology* (Sage, 1998).

第五章　制度相关的解释

The arguments and data-sources cited in this chapter concerning the relationship between government involvement in the economy and corruption are V. Tanzi, in *Finance & Development*, 32 (4), 1995: 24–26; J. Gerring and S. Thacker, in *International Organization*, 59 (1), 2005: 233–254; K. Schwab, *The Global Competitiveness Report 2012–2013* (World Economic Forum, 2012); D. Hall, in *Development in Practice*, 9 (5), 1999: 539–556; K. Ohmae, *The Borderless World*, rev. edn. (HarperBusiness, 1999); R. Klitgaard, *Controlling Corruption* (cited previously), and, for the formulaic version, *Finance and Development*, 35 (1), 1998: 3–6. The case of the Indian tax collectors is referred to in D. Mookherjee and I. Png, *Economic Journal*, 105 (428), 1995: 145–159. For dismissal of the notion that larger government necessarily means more corruption see R. LaPorta, F. Lopez-de-Silanes, A. Shleifer, and R. Vishny, *Journal of Law, Economics and Organization*, 15 (1), 1999: 222–279, while the connections between corruption and outsourcing are considered in J. O'Looney, *Outsourcing State and Local Government Services* (Quorum, 1998). On the relationship between globalization and corruption, with particular reference to money-laundering, see L. Cockcroft, *Global Corruption: Money, Power and Ethics in the Modern World* (Tauris, 2012). On the relationship between GDP per capita and corruption see You Jong-sung and Sanjeev Khagram in *American Sociological Review*, 70 (1), 2005: 136–157. The connections between corruption and international trade are considered in P. Dutt, *Canadian Journal of Economics*, 42 (1), 2009: 155–183. The reference cited concerning government size is G. Kotera, K. Okada, and Sovannroeun Samreth, *Economic Modelling*, 29 (6), 2012: 2340–2348. Hellman and Kaufmann's point is in *Finance and Development*, 38 (3), 2001: 1–8; alternative views on the relationship between business and government can be found in S. Rose-Ackerman's 1999 book (cited previously), and D. Bowser, in D. Lovell (ed.), *The Transition* (Ashgate, 2002): 80–95. A counter-intuitive but interesting analysis relating current corruption levels to educational levels in 1870 is E. Uslaner and B. Rothstein, *Quality of Government Working Paper*, no. 2012/5 (Gothenburg, 2012). The articles cited on the relationship between gender and corruption are D. Dollar, R. Fisman, and R. Gatti, in *Journal of Economic Behavior & Organization*, 46 (4), 2001: 423–429; and H.-E. Sung, in *Crime, Law and Social Change*, 58 (3), 2012: 195–219. The Treisman quotation is from *Annual Review of Political Science*, 10, 2007: 211–244.

第六章　国家能做些什么?

For a substantial, if slightly dated, collection on combating corruption see R. Williams and A. Doig (eds.), *Controlling Corruption* (Elgar, 2000), while the even older single authored *Controlling Corruption* by R. Klitgaard (cited previously) remains a standard work.

On Singapore and Hong Kong SAR(as well as other places with low levels of corruption) see J. Quah (ed.), *Different Paths to Curbing Corruption* (Emerald, 2013). On the Filipino case see W. Cragg and W. Woof, in W. Cragg (ed.), *Ethics Codes, Corporations and the Challenge of*

Globalization (Elgar, 2005): 1–43, while those interested in how miscreant corporations could be better controlled might start with S. Simpson, *Corporate Crime, Law, and Social Control* (Cambridge University Press, 2002). The notion that higher salaries lead to less corruption is challenged in the article by LaPorta et al. cited previously. The German rotation experiment is analysed in K. Abbink, *European Journal of Political Economy*, 20 (4), 2004: 887–906, while the research conducted in India is described by F. de Zwart, in H. Bakker and N. Schulte Nordholt (eds.), *Corruption and Legitimacy* (SISWO, 1996): 53–64. Olken's experiment in Indonesia is summarized in *Journal of Political Economy*, 117 (2), 2007: 200–249. On anti-corruption campaigns, mainly in developing and transition states, see S. Bracking (ed.), *Corruption and Development* (Palgrave Macmillan, 2007), although the contributors often adopt a broader approach to 'campaigns' than that adopted here.

For the argument that equally balancing male and female officers is the optimal arrangement see R. Mukherjee and O. Gokcekus, in R. Hodess, T. Inowlocki, D. Rodriguez, and T. Wolfe (eds.), *Global Corruption Report 2004* (Pluto, 2004): 337–339, while the claim that more women in politics reduces corruption is in D. Dollar et al. (2001), cited previously and A. Mason and E. King, *Engendering Development through Gender Equality in Rights, Resources, and Voice* (World Bank, 2001). Sung's challenge to this argument is in his 2012 article already cited. For Corsianos' argument, see *The Complexities of Police Corruption* (Rowman and Littlefield, 2012). On the Georgian anti-corruption efforts see A. Alam and V. R. Southworth (with others), *Fighting Corruption in Public Services: Chronicling Georgia's Reforms* (World Bank, 2012). The Peruvian police experiment and experience is analysed in S. Karim, *Americas Quarterly*, 5 (3), 2011: 42–46, while Bogotá's 'mime' experiment is described in R. Fisman and E. Miguel, *Economic Gangsters* (Princeton University Press, 2010).

第七章　还能做些什么?

On the role of various international agents covered in this chapter see S. Rose-Ackerman and P. Carrington (eds.), *Anti-Corruption Policy* (Carolina Academic Press, 2013). Useful overviews of many of the themes covered in Chapters 6 and 7 are F. Vogl's 2012 book (cited previously), and N. Kochan and R. Goodyear, *Corruption* (Palgrave Macmillan, 2011). The critical article by Peter Eigen is in *TI Q*

(September 2003: 1), while the more upbeat items mentioned are P. Ala'I, in *Loyola University Chicago International Law Review*, 6 (1), 2008–9: 259–278 and P. M. Nichols in *New York University Journal of International Law and Politics*, 28 (4), 1996: 711–784. On the World Bank's anti-corruption efforts by 2008 see Independent Evaluation Group, *Public Sector Reform: What Works and Why?* (World Bank, 2008): 58–65. A valuable study of how the role of donor countries and IOs in supporting domestic ACAs in developing countries could be improved is by A. Doig, D. Watt, and R. Williams in *U4 Report*, May 2005 (online). Tiffen's analysis of the roles of the media is in *Scandals, Media and Corruption in Contemporary Australia* (University of New South Wales Press, 1999), while Vogl's book is detailed above. Critical analyses of the anti-corruption 'industry' can be found in D. Kennedy, in *Connecticut Journal of International Law*, 14 (2), 1999: 455–465; B. Michael and D. Bowser, *The Evolution of the Anti-Corruption Industry in the Third Wave of Anti-Corruption Work* (bepress, 2009); L. de Sousa, P. Larmour, and B. Hindess (2009, cited previously); and S. Sampson, in *Global Crime*, 11 (2), 2010: 261–278. An interesting variant on this is F. Anechiarico and J. Jacobs, *The Pursuit of Absolute Integrity* (University of Chicago Press, 1996). For up-to-date analysis and assessment of the OECD Convention see M. Pieth, L. Low, and N. Bonucci (eds.), *The OECD Convention on Bribery*, 2nd edn. (Cambridge University Press, 2014). Kaufmann's 2005 assessment is in *Finance and Development*, 42 (3), September 2005 (online), while his 'tepid' remark is in *Development Outreach*, February 2009: 26–29. On the need to tailor approaches to specific contexts see J. E. Campos and S. Pradhan (eds.), *The Many Faces of Corruption* (World Bank, 2007); M. Johnston, *Syndromes of Corruption* (Cambridge University Press, 2005) and *Corruption, Contention and Reform* (Cambridge University Press, 2014); the quote in this chapter is from the latter. The argument that neo-liberalism was *not* seriously challenged by the Global Financial Crisis is in Colin Crouch's *The Strange Non-Death of Neoliberalism* (Polity, 2011).